河北省城乡社会治理研究基地研究成果
衡水学院学术专著出版基金资助出版

在线社交网络双信息传播建模及仿真研究

刘　飞　张亚明　王　浩　著

燕山大学出版社
·秦皇岛·

图书在版编目（CIP）数据

在线社交网络双信息传播建模及仿真研究 / 刘飞，张亚明，王浩著．—秦皇岛：燕山大学出版社，2022.12

ISBN 978-7-5761-0395-3

Ⅰ．①在… Ⅱ．①刘… ②张… ③王… Ⅲ．①网络传播－研究 Ⅳ．①G206.2

中国版本图书馆 CIP 数据核字（2022）第 167049 号

在线社交网络双信息传播建模及仿真研究
刘　飞　张亚明　王　浩　著

出 版 人：陈　玉			
责任编辑：刘馨泽		策划编辑：杨春茹	
责任印制：吴　波		封面设计：刘馨泽	
出版发行：燕山大学出版社 YANSHAN UNIVERSITY PRESS		电　　话：0335-8387555	
地　　址：河北省秦皇岛市河北大街西段 438 号		邮政编码：066004	
印　　刷：涿州市般润文化传播有限公司		经　　销：全国新华书店	
开　　本：170mm×240mm　1/16		印　　张：11	
版　　次：2022 年 12 月第 1 版		印　　次：2022 年 12 月第 1 次印刷	
书　　号：ISBN 978-7-5761-0395-3		字　　数：168 千字	
定　　价：44.00 元			

版权所有　侵权必究

如发生印刷、装订质量问题，读者可与出版社联系调换

联系电话：0335-8387718

前　言

近年来，随着移动智能设备的普及和网络信息技术的迅猛发展，在线社交网络为人们分享信息和交流观点等提供了时间和空间上的便利平台，并逐渐成为社会信息传播的重要途径。特别是当社交网络信息具有很强的吸引力时，极易驱使网民在好奇心的作用下查看和传播信息内容，进而促进信息在较短时间内迅速大规模传播，甚至引发事件升级，给政府治理带来严峻挑战，更有可能威胁社会秩序和国家安全。

本书旨在利用传染病动力学模型和种群动力学模型分析在线社交网络双信息传播规律。本书按照"单信息单一机制—双信息单一机制—双信息复合机制—双信息延时复合机制"的研究思路，分别从谣言单信息自净化机制、谣言信息和真实信息双向转变机制、谣言信息和真实信息竞争合作复合机制、谣言信息和真实信息延时竞争合作复合机制刻画在线社交网络双信息传播机理和演化规律，为政府有效处理在线社交网络双信息传播问题提供治理策略。

本书主要研究内容如下：首先，从单信息单一机制影响角度分析自净化传播机制对在线社交网络信息传播的影响。系统阐述自净化机制并对其进行定义，引入自净化传播机制，在此基础上，改进SEIR模型并建立微分动力学方程组，分析谣言传播模型的阈值。采用Matlab数值仿真方法分析自净化机制影响下各类用户节点的演变规律。其次，从双信息单一机制影响角度研究双向转变机制对在线社交网络双信息传播的影响。在评述国内外潜伏者转变为传播者的最新研究成果的基础上，明确定义潜伏者双向转变机制，在此基础上，构建在线社交网络双信息双向转变机制传播动力学模型，并求解双信息传播阈值。利用Matlab软件模拟双信息在均匀社交网络中的传播过程，揭示双向转变机制影响下在线社交网络双信息传播规律。再次，从双信息复合机制影响角度分析竞争合作作用下的在线社交网络双信息传播规律。基于种群动力学理论方法，引入Logistic项和Holling-Ⅱ型功能反应函数构建双信息竞争合作模型，在此基础上，分析双信息传播过程中竞争合作机制以及系统的稳定性。利用新浪微博转发数据，仿真不同参数对社交网络双信息传播的影响，揭示在线社交网络中双信息传播过程中的竞争合作规律。最后，从双信息复合机制影响角度分析真实信息发布延时作用下的在线社交网络双信息传播规律。基于种群动力学理论方法，引入延时参数，构建双信息竞争合作模型，研究自治微分动力学方程组的平衡点及其稳定性，在此基础上，研究延时微分动力学方程组的平衡点及其稳定性，同时分析系统的稳定性。通过Mathematica软件仿真模拟，揭示在线社交网络双信息传播的延时规律。

  本书能够破解传染病动力学模型难以刻画用户行为的难题，实现用户行为与种群动力学模型的有机融合。研究结果表明真实信息可以有效控制谣言信息的传播范围和传播速度，明确了不同用户行为对信息传播的影响。相关结论不仅拓展了在线社交网络信息传播预测研究，而且可以为政府有效处理在线社交网络双信息传播问题提供治理策略。

刘飞（衡水学院教师）
2022年4月3日

目　录

第一章　绪论 …………………………………………………… 1
第一节　研究背景和意义 …………………………………… 1
第二节　国内外研究现状 …………………………………… 4
第三节　研究内容与研究方法 …………………………… 21

第二章　在线社交网络及传播动力学理论 ……………… 26
第一节　在线社交网络基本结构参量 …………………… 26
第二节　在线社交网络基本网络模型 …………………… 29
第三节　在线社交网络传播动力学模型 ………………… 34
第四节　本章小结 ………………………………………… 44

第三章　融入自净化机制的在线社交网络单信息传播建模 ……… 45
第一节　在线社交网络谣言单信息传播自净化问题提出 ……… 45
第二节　在线社交网络单信息传播动力机制分析 ……… 47
第三节　在线社交网络单信息传播建模以及模型分析 …… 51
第四节　在线社交网络单信息传播模型仿真分析 ……… 57
第五节　本章小结 ………………………………………… 66

第四章　具有双向转变机制的在线社交网络双信息传播建模 …… 68
第一节　在线社交网络双向转变机制问题描述 ………… 68
第二节　在线社交网络双信息双向转变机制分析 ……… 69

第三节　在线社交网络双信息传播建模以及模型分析……………74
　　第四节　在线社交网络双信息传播模型仿真分析………………81
　　第五节　本章小结………………………………………………92

第五章　基于竞争合作复合机制的在线社交网络双信息传播建模……93
　　第一节　在线社交网络双信息传播现象分析……………………93
　　第二节　基于种群动力学的在线社交网络双信息传播建模……94
　　第三节　在线社交网络双信息传播模型分析……………………96
　　第四节　在线社交网络双信息传播模型仿真分析………………106
　　第五节　在线社交网络双信息传播实证研究……………………112
　　第六节　本章小结………………………………………………117

第六章　考虑延时的在线社交网络双信息传播建模………………118
　　第一节　延时问题分析…………………………………………118
　　第二节　基于延时的在线社交网络双信息传播模型构建………119
　　第三节　基于延时的在线社交网络双信息传播模型分析………121
　　第四节　基于延时的在线社交网络双信息传播模型仿真分析…133
　　第五节　本章小结………………………………………………140

第七章　在线社交网络双信息传播治理策略………………………141
　　第一节　社交网络双信息传播初期的预防策略…………………141
　　第二节　社交网络双信息传播中期的干预策略…………………143
　　第三节　社交网络双信息传播后期的完善策略…………………146

第八章　结论…………………………………………………………147

参考文献………………………………………………………………150

后记……………………………………………………………………168

第一章 绪　　论

第一节　研究背景和意义

一、研究背景

2017年10月18日,习近平在中国共产党第十九次全国代表大会上的报告中提出:"坚持正确舆论导向,高度重视传播手段建设和创新,提高新闻舆论传播力、引导力、影响力、公信力。"[1]为了营造良好网络生态,国家互联网信息办公室令第5号《网络信息内容生态治理规定》自2020年3月1日起施行。

近年来,互联网和移动智能设备推动了在线社交网络的快速发展。2021年8月27日,中国互联网络信息中心(CNNIC)第48次《中国互联网络发展状况统计报告》中指出,我国网民规模达10.11亿,互联网普及率达71.6%。10亿用户接入互联网,形成了全球最为庞大、生机勃勃的数字社会。互联网有力地支撑了新冠肺炎疫情的防控,为我国构建以国内大循环为主体、国内国际双循环相互促进的新发展格局提供了强大支撑。在线社会网络平台与传统媒体不同,它改变了用户只能被动接收信息的局面,拓展了人们获取传播信息的方式与途径,同时每个用户可以根据具体情况和自己的兴趣等对信息进行发布、转发,甚至发表自己的观点和看法。[2]同时,在线社交网络平台的开放性、成本低廉性、跨越时空性等方面的优势促使越来越多的人参与到各种社交网络平台,形成各种虚拟兴趣小组,每个用户可以针对具体主题将各种新闻、观点、视频等信息传播给周围用户,方便用户之间共享、交换以及讨论信息,扩大个体社交范围,有助于形成跨平台的在线社交网络。[3]

在线社交网络虚拟社区的发展，促使人们越来越习惯于在网络上发表意见、观点、看法等内容。[4]在线社交网络已经成为人们接收信息、传播信息的重要平台和载体，它的便捷性、即时性等特征方便人们发布信息及快速传播信息，也使得谣言等不良信息肆意传播，甚至影响社会稳定和国家安全。[5-6]因此，如何促进真实信息传播，抑制谣言等不良信息传播对在线社交网络可持续发展具有重要意义。[7]在线社交网络用户使用上的低门槛促使大量民众加入网络平台，同时用户匿名使人们放松了对个体行为的约束，这两方面就会使社交网络产生巨大的信息量，并且信息参差不齐、真假难辨[8]；此外，在线社交网络的强大关系网和高连通性极大地加快了信息传播速度[9]。谣言是利用各种渠道传播的、为公众感兴趣的事件的未经证实的阐述或诠释。[10]谣言始终存在于社会却无法消除，它对人类的社会生活有着重大的影响。[11]尤其在突发事件后，公众纷纷发布和转发关于事件的各种信息、观点、看法，加之社交网络的开放性、虚拟性、低成本性、便利性等特点，使得谣言疯狂传播，给人们的日常生活带来很多负面影响。如：2020年5月，一则被描述为"细思极恐"的视频在网上传播。视频中，一名男子手里搓着一个比乒乓球略小、圆形四周带长刺的冰雹粒，称"山东下冰雹似冠状病毒，恰似老天爷为庚子年的特殊定制"，视频被迅速传播，一时间影响了社会安定；2021年7月21日，江苏无锡的网民张某在微信群内发布了一段社区消杀视频，并根据其主观臆测，造谣称当地某小区发现一例新冠肺炎确诊病例，视频迅速在网上传播，导致网民恐慌。由此可见，随着社交网络的发展，谣言等负面信息传播速度会更快，影响范围会更大，更容易危害社会安定和国家安全。

在线社交网络信息传播已经引起国内外专家学者和我国政府的高度关注。各种学术会议（如KDD、SIGIR等）和高质量期刊（如*Science*、*Nature*等）对这个课题进行持续研究；我国政府也高度关注网络信息传播这个领域，不断完善相关的政策法规，如2000年9月20日国务院第三十一次常务会议通过的中华人民共和国国务院令第292号《互联网信息服务管理办法》、2020年施行的国家互联网信息办公室令第5号《网络信息内容生态治理规定》；同时为了推进理论研究的进一步发展，国家专门设立社交网络信息传播的国家973计划和国家自然科学基金委重大研究计划等。

深入研究在线社交网络信息传播规律,是系统动力学研究领域的学术生长点,同时也对提升国家网络信息治理水平、完善社会管理体制具有重要意义。

二、研究意义

本书采用传染病动力学、种群动力学和计算机仿真等方法对在线社交网络信息传播问题进行分析,探索其内在的传播机理,求解信息传播的稳定点以及最佳延时发布时刻,有助于控制谣言的传播,对丰富在线社交网络信息传播理论体系、提升政府对在线社交网络信息传播的治理能力以及完善社会管理制度具有重要的理论意义和现实意义。

(一) 理论意义

(1) 自净化机制和双向转变机制的研究有助于丰富复杂网络传播动力学理论框架中的用户行为机制。人类传播行为的复杂性深刻影响了在线社交网络信息传播的规律和趋势。[12-13]本书通过将自净化机制引入在线社交网络单信息传染病传播模型、双向转变机制引入在线社交网络双信息传染病传播模型,求解以上模型的传播阈值并分析系统的稳定性。通过计算机仿真,揭示动力方程组中各参数变化如何影响单信息传播以及双信息传播演化趋势,进而深入探索用户行为对在线社交网络单信息、双信息传播的重要影响。

(2) 种群动力学方法的应用有利于拓展在线社交网络信息传播研究方法。在线社交网络信息传播问题主要利用传染病理论方法进行研究,但该方法不能揭示双信息动态交互传播规律。本书引入种群动力学方法分析双信息传播过程中的竞争合作关系,建立改进的捕食者猎物模型,求解系统平衡点,并分析其稳定性,深入挖掘控制系数、初始值以及系统承载能力等参数值对社交网络双信息传播稳定状态的影响,并进一步考虑了真实信息延时发布对社交网络双信息传播稳定状态的影响。

(3) 平衡点问题的研究有助于完善在线社交网络双信息传播理论。传统在线社交网络信息传播主要对谣言的传播速度、最大传播规模以及影响机制等问题进行研究和预测,但没有对双信息传播如何达到平衡点问题进行研究。本书构建 Lotka-Volterra 捕食者猎物模型，求解系统平衡点，并分析其稳定性，探索控制系数、初始值以及系统承载能力等参数值对在线社交网络双信息传播稳定状态的影响，并进一步研究了真实信息延时发布对平衡点的影响，为政府控制谣言以及相关信息传播提供理论指导。

（二）现实意义

（1）切实提高我国政府对在线社交网络信息传播的治理能力。本书研究了在线社交网络单信息传播以及双信息传播的传播规律，分别建立了传染病动力学模型和种群动力学模型，前者推导谣言传播阈值，发现有效控制谣言传播的关键参数，分析各个参数对谣言传播的影响；后者通过调整各个参数取值以及初始值大小，分析系统平衡点的变化，探讨系统在面对不同信息内容传播情况下，如何选取合适的节点用户并在最佳的时间发布相关信息，进而提高我国政府治理在线社交网络信息传播重大突发事件的能力，最大限度地降低谣言信息对民众日常生活、社会秩序以及国家政局造成的危害程度。

（2）有助于提升我国社会管理的创新能力。自从人类社会进入移动互联网时代以来，在线社交网络各种信息的急剧增加对我国社会管理提出了更高的要求、带来了更多的挑战。本书在对在线社交网络单信息传播以及双信息传播进行深入研究和探讨的基础上，揭示民众行为、信息内容和用户对信息的兴趣等内容对信息传播趋势和规律的影响，为建立健全在线社交网络信息传播管理制度指明了方向，有助于充分发挥社会民众和媒体的积极参与作用，达到增强互联网治理能力和净化网络环境的目的，进而全面提升我国社会管理的创新能力，促进社会可持续发展。

第二节　国内外研究现状

在线社交网络信息传播问题研究多以传染病模型为理论基础，采用基于传染病模型的改进研究方法分析网络信息传播规律，深入探索网络信息传播的控制机理，而网络信息传播的控制机理还可以进一步细分为在线社交网络信息传播平衡点控制机理和在线社交网络信息传播延时控制机理两个方面。因此，下面将从社交网络传染病传播理论、在线社交网络信息传播、在线社交网络信息传播控制机理以及在线社交网络信息传播延时控制机理四个方面对国内外研究现状进行分析与梳理。

一、国外研究现状

（一）社交网络传染病传播理论研究

传染病动力学是研究社交网络信息传播问题的重要方法。Kermack等[14-15]先后提出SIR、SIS模型，该模型将人群分为S类、I类、R三类，这两类传染病传播模型为SIRS、SEIR、SEIRS等模型研究奠定了基础[16-18]。

Pastor-Satorras等[19-20]用一个阈值定义了一个临界点，利用解析方法和仿真方法，分析了传染病传播的动力学模型，观察到流行阈值的缺失及其相关的临界行为，这意味着无标度网络更易于传染病的传播和感染。这些结果有助于了解计算机病毒流行和其他传播现象的通信和社会网络。Moore等[21]引入小世界网络，研究疾病传播的一些简单模型，发现感染或传播概率高于网络上的位点或结合渗滤阈值时，传染病模型表现出流行行为。Kuperman等[22]引入小世界网络来描述种群内部相互作用，分析不同种群结构的传染病传播模型，发现对于更有序的系统，有一个波动的低感染流行状态；在有限值的网络中，研究发现一个过渡到自我持续振荡的规模感染亚群。

（二）在线社交网络信息传播研究

近年来，国外学者利用传播动力学方法对在线社交网络信息传播现象进行了大量的研究[23]，从多个角度探讨了研究问题背后的内在机理。

在线社交网络信息传播与疾病传播具有相似的传播规律[24]，因此，改进传染病模型成为研究信息传播规律的重要途径。Daley和Kendall[25]全面比较了谣言与流行病传播的相似性，首次提出将均匀混合的人群分为易感人群、感染人群、免疫人群三类的经典D-K模型[26]。Maki和Thompson[27]构建了M-T模型，提出当某个传播者遇到另一个传播者后，前一个传播者会变为免疫者。然而，上述模型没有考虑网络拓扑结构对谣言传播的影响。

随着网络理论的发展，国外学者们开始将网络拓扑结构引入在线社交网络信息传播模型进行深入研究。Zanette[28]首次在小世界网络中对谣言传播进行研究。Santos等[29]引入同构小世界网络，探讨了两种机制对流行病暴发阈值的依赖关系，以及在自然选择条件下合作者和叛变者的共同进化。Moreno等[30]对谣言在复杂异质网络中的传播规律进行了研究，建立了动力学平均场方程，并将齐次网络的解析计算和蒙特卡罗计算结果与数值方法的结果进行了比较。Nekovee等[31]构建了在线社交网络谣言传播的动态平均场方程，研究结果表明，无标度网络更容易传播谣言。Barthelemy[32]详细解释了空间约束如何影响网络的结构和属性，讨论了发生在空间网络上的同步、相变、导航、疾病传播等各种过程。Holme[33]介绍了时间网络的涌现领域，探讨了分析拓扑结构和时间结构的方法，阐明了拓扑结构和时间结构与动态系统行为之间的关系。Rattana等[34]考虑了两种不同类型的理论、综合加权网络模型，建立了基于个体网络模拟的成对近似模型，研究了无向加权网络上的SIS和SIR传染病模型，分析了权值分布对流阈值的影响。De Domenico[35]从多层网络角度对网络信息传播进行了研究。

然而，谣言传播与疾病传播存在本质差异[36]，国外学者们开始将心理学因素引入在线社交网络信息传播研究问题进行深入研究。Anthony等[37]提出一种考虑焦虑因素的谣言传播模型，分析谣言传播对群体焦虑因素的影响，研究发现，面对相同重要问题的谣言时，高度焦虑的小组传播谣言的频率更高。Rosnow等[38]回顾了可能影响或预测谣言产生和传播的四个条件，包括个人焦虑、普遍的不确定性、轻信和话题重要性。Nekovee等[31]考虑传播者的遗忘机制，构建了在线社交网络谣言传播的动态平均场方程，证明了在均匀网络和随机图中，该模型在谣言传播速率中都有一个临界阈值，分析了相关度、阈值对谣言最大感染规模的影响。Iribarren[39]等对病毒式电子邮件进行实验，引入用户兴趣和信息内容，建立了社会网络传播信息动力学模型，研究用户转发网络信息的规律。Roshani[40]引入连接强度函数，建立了一个广义无标度网络谣言传播模型来证明连接强度越大，连接越紧密，谣言越容易传播。Afassinou[41]

提出了考虑遗忘机制和人口受教育程度的谣言传播模型，研究结果表明，受过教育的个体越多，谣言影响范围越小。

此外，还有部分国外学者分析了谣言来源问题，探索其可能来源以及对网络信息传播的影响。Kumar等[42]基于马尔可夫链树定理，分析网络谣言来源问题，推导出最可能谣言源的估计量，并利用马尔可夫链蒙特卡罗方案求解。Fanti等[43]提出了一种新的消息自适应扩散协议，并分析该协议对检测谣言信息来源的影响，研究结果表明，自适应扩散可以有效隐藏谣言信心源的具体位置。Kwon等[44]以社交媒体平台为研究对象，使用泊松回归模型，研究了来源影响和同行推荐对扩散结果的影响。

（三） 在线社交网络信息传播控制机理分析

研究在线社交网络信息传播的目的是控制谣言信息传播与促进真实信息传播，从而维护社会秩序。围绕这方面，国外学者对单信息和双信息传播控制机理进行了分析。

国外学者对单信息传播控制机理进行了研究。Dodds等[45]建立了合并过去接触记忆的传染病模型，结果发现，在一般情况下，只有三类集体动力学存在；提出了评估人群对大规模事件易感性的新方法，以及抑制或促进这些事件的策略。Lind等[46]引入度量给定节点的邻居间交换信息平均最大可达性的扩展因子，以及信息到达这一小部分节点所需的扩展时间，研究信息在真实社会、熟人网络中的传播过程，结果发现，朋友间联系次数对被"八卦"的可能性有很大的影响。Grabowski等[47]分析了大型多人在线角色扮演游戏的虚拟社会网络，研究结果表明，个体行为的幂律规律会限制谣言传播范围。Castellano[48]分析了意见文化语言动力学、人类动力学、群体行为、社会传播等广泛主题，强调模型结果与经验数据的一致性。Guille等[23]提出了概括以前研究成果的一种分类方法，概述了处理在线社交网络信息传播问题的代表性方法，这些问题包括热门话题检测、信息扩散建模、有影响力的传播者识别等。Gómez等[49]提出了超拉普拉斯矩阵方法，分析多重网络上的信息传播。Solé-Ribalta等[50]分析了多重网络中相互连接对信息传播的影响。Kawamoto等[51]采用传播率随机乘法阐述了网络信息传播过程，研究结果表明，扩散率之间的相关性可以提高信息传播的机会。Yoo等[52]使用Twitter的大数据集，检验了关键要素对社交媒体信息传播率的影响，研究结果显示，在需要紧急信息传播的人道主义危机期间，社交媒体网络能够有效地传递信息，传播率取决于信息来源的影响，在灾害早期发布的信息传播速度明显高于在灾害较严重阶段稍后发布的信息。这是因为，随着时间的推移，越来越多的通信争夺了用户之间的注意力，信息传播的参与度下降了。Vega-Oliveros等[53]克服了每对节点间谣言传递概率相同的限制，提出中心的个体比边缘的个体有更高的说服邻居的能力，研究结果表明，通过调整最中心节点的信息传播概率，可以有效地控制在线社交网络谣言的传播。Panagiotou等[54]深入分析异步谣言在随机图上的传播特征，量化了协议对传输和节点故障的鲁棒性，研究结果表明，与同步协议相比，异步协议在这些故障方面特别健壮。

国外学者对双信息传播控制机理进行了研究。Trpevski等[55]提出两个谣言模型，分析了两个谣言共存和相互竞争的问题。Tripathy等[56]通过谣言传播模型和反谣言传播模型研究在线社交网络谣言传播的控制机理，发现了反谣言策略是对抗谣言传播的有效方法。Rodriguez等[57]分析了如何以及何时传播信息可以实现信息全局感染以及如何稳定传播，控制其在网络中的固定部分传播，并提出预警信息、病毒传播的网络传播模型。Weng等[58]引入信息的多样性、话题的集体兴趣消退等因素来分析竞争信息的传播过程。Massaro等[59]分析了多重网络中风险感知和病毒传播之间的相互作用，提出了一种自组织的渗透方法，真实网络和信息网络的相似性决定了在一个足够高的预防水平上阻止感染的可能性，但如果网络太不同，就没有办法避免传染病。Lee等[60]以波士顿马拉松赛悲剧为例，分析了两类消息的（谣言相关的和非谣言相关的）传播过程，研究结果表明，关注者数量与信息传播呈正相关，推特反应时间与信息传播呈负相关。Jeong等[61]提出了无知者接收谣言前宣布真相、惩罚传播者、删除媒体谣言三个防止谣言传播的控制策略，根据对谣言的兴趣水平，探讨每种控制策略在何时以及如何实施控制。研究结果表明，应在谣言传播初期、无知者接收谣言前宣布真相，在谣言传播最广的时候惩罚传播者，即个体对谣言传播的兴趣水平越高，越需要在无知者接收谣言前宣布真相、惩罚传播者，个体对谣言传播的兴趣水平越低，越需要删除信息媒体的谣言。

（四） 在线社交网络信息传播延时控制机理分析

国外学者从不同角度对信息延时传播进行了研究。Jacquet等[62]分析了移动和延时容忍网络中信息的传播速度，利用分析工具推导出间断连接和大规模移动网络中信息传播速度的一般理论上界。Anagnostopoulos等[63]考虑信息源和信息消费者之间的网络，使用者接收和处理传播的信息，直到相关的质量达到最低水平，接收节点延时报告信息以获得更好的质量，这对于工程的延时容忍应用有重要意义。Marceau等[64]针对两个或两个以上的病毒在同一宿主群体中动态交互传播的现象，考虑到两个病毒同时在相同节点集的两个网络上传播，提出了一种精确捕获网络传染病动态耦合作用的分析方法。进一步考虑了一个假设的延时干预场景：一种免疫剂在宿主群体中传播，以阻止一种不受欢迎的药剂的传播。Baccelli等[65]提供了一个信息传播速度的双向车辆延时容忍网络，结果表明，信息传播速度与高速公路各方向车辆密度之间存在相变。Cha等[66]利用Flickr用户行为研究口碑传播延时，发现了社交网络中内容老化、用户登录时间激增影响信息传播的过程。Taylor等[67]分析了延时对用户搜索信息行为的影响，研究发现，增加延时会使页面内信息搜索的时间点增加。

二、国内研究现状

（一） 社交网络传染病传播理论研究

传染病动力学模型是在线社交网络信息传播问题研究的一个重要方法。国内学者在SIR、SIS模型的基础上，对模型进行了相应的扩展。[68-69]马知恩等[68]长期研究生物数学，系统介绍了传染病动力学的基本知识；并从时滞、脉冲、年龄结构、非自治、多群体、迁移、非典型肺炎等方面概述了传播动力学的发展方向；还阐述了常微分方程传染病模型和带时滞的传染病模型。Zhang等[69]建立了具有跳跃性质的随机SEIR模型，分别用两种不同的扰动方式得到系统（2）和系统（3），引入第一个随机扰动，获得李雅普诺夫函数，得到模型（2）随机稳定的解，发现了传染病存在和绝灭的条件；并引入另一个随机扰动，采用李雅普诺夫函数证明系统（3）随机渐近稳定的正解，发现了传染病持续传播的条件。

孟锰等[70]提出小世界网络中的传染病传播模型。倪顺江等[71]引入无标度网络，建立易感者—感染者—易感者（SIS）传染病动力学模型，通过理论分析和计算机数值模拟，得到了传染病系统的临界传播条件及其动力学演化相图。

（二）在线社交网络信息传播研究

随着复杂网络理论的发展，国内学者们开始将网络拓扑结构引入在线社交网络信息传播模型进行深入研究。潘灶烽等[72]研究了无标度网络上的谣言传播行为。Zhou等[73]建立了谣言传播模型，发现最终感染节点的总数取决于网络的拓扑结构。李明杰等[74]对比分析了短信息在无标度网络、小世界网络和实际的短信息网络的传播过程，发现短信息传播速率、寿命在无标度网络中最快、最短。孙华程[75]对公共危机信息传播网络拓扑结构进行了空间分析，并构建了公共危机信息传播的网络结构模型[76]。孙庆川等[77]构建了信息传播模型，结果表明，存在信息传播阈值。张彦超等[78]提出了网络信息传播模型，发现初始传播节点度数会显著促进网络信息的传播范围。Xiong等[79]建立了考虑网络结构和网络传播机制的在线社交网络信息扩散模型，研究发现，在一定程度上，模块性和互惠性影响信息扩散规模和传播速度，信息在中度模块化的网络中更容易爆发。阚佳倩等[80]研究了加权网络中网络结构非局域性效应、连边权重、社会增强效应对信息传播的影响。王金龙等[81]构建了基于用户相对权重的信息传播模型，结果表明，在非均匀网络中，更能体现真实网络特点。

然而，谣言传播与疾病传播存在本质差异[82]，疾病传播是无意识的，谣言传播是社会传播，有着人类行为的社会属性[13]，国内学者们开始将心理学因素引入在线社交网络信息传播研究问题进行深入研究。Gu等[83]提出了记忆机制、遗忘记忆复合机制，仿真结果表明，遗忘记忆机制对网络信息传播有显著的影响。张芳等[84]梳理了谣言传播的研究成果，指出需要考虑"蝴蝶效应"、复杂性、心理特征等问题构建谣言传播模型。Lü等[85]引入社会强化、接触的非冗余性和记忆效应，分析了网络信息传播和传染病传播的本质区别，研究结果表明，信息传播在规则网络速度更快、范围更广，这与Centola[86]于2010年在 *Science* 上发表的在线社交网络实验中的行为传播研究结果一致，而且发现随着网络规模的增大，随机网络更有利于有效的扩展。更重要的是，研究证明在规则结构中，加入一点随机性，传播效果大幅度提高，即小世界网络产生最有效的信息传播。张芳等[87]考虑人与人之间的沟通以及有限个体的记忆，建立了Agent仿真模型，结果表明，信任程度、谣言内容、个体态度选择等严重影响谣言的传播。王长春等[88]分析了心理学机制和敌我双方对谣言传播的影响。Zhao等[89]研究了遗忘率、传播速度、抑制率对谣言传播的影响，结果表明，遗忘和记忆机制降低谣言影响。Wang等[90]构建了考虑信任机制的SIR模型，研究结果表明，信任机制降低谣言传播速度，延缓了谣言的终止时间，减少谣言传播范围，提高了两类网络临界阈值。Zhao等[91]分析了时变遗忘率对谣言传播的影响，发现遗忘速度越慢或初始遗忘率越小，谣言传播范围越大。Wang等[92]构建了SIRaRu谣言传播模型，数值模拟结果表明，网络拓扑结构和遗忘率对谣言传播有影响。王超等[93]构建了考虑遗忘机制和遏制机制的信息传播模型，并分析了两种机制对信息传播的影响。刘咏梅等[94]引入兴趣衰减因素，发现了小世界网络的属性、首次转发概率以及兴趣衰减系数会影响微博的传播过程。王泰等[95]引入网民之间的相互激励、网民自身的遗忘和外界媒体的激励来分析突发重大新闻事件，建立了基于兴趣的网民活跃度模型。Xia等[96]引入谣言内容、犹豫机制对谣言传播的影响，提出了一种改进的SEIR模型，并描述SEIR模型在均匀和非均匀网络中的动力学特性。王筱莉等[97]分析了遗忘率对谣言传播的影响，发现初始遗忘率与谣言传播范围成反比。王彦本等[98]建立了考虑遗忘规律的谣言模型，推导出模型基本再生数，实验结果表明，遗忘概率初始值越小，遗忘速度越慢，谣言传播力越强。王瑞等[99]引入用户影响空间和用户兴趣空间，预测网络用户接收的概率。王家坤等[100]考虑用户网络地位、用户感知价值与社会强化效应等因素，建立了基于用户相对权重的信息传播模型。

部分国内学者分析政府、媒体等影响因素对在线社交网络谣言传播的影响。肖人彬等[101]构建了政府和网民信息传播博弈模型，指出政府应透明、公开、及时地处理大规模网络群体事件。Li等[102]考虑个人敏感性和政府惩罚对谣言传播的影响，构建了SIS模型和SIR模型谣言传播模型，发现理论传播阈值与数值结果一致，同时增加个人的敏感性、改进政府的惩罚措施，可以有效控制谣言传播。Yang等[103]提出了政府可以在任何时间采取的一种时间随机控制策略，研究发现这个策略可以有效地减少谣言的寿命和听到谣言的人口比例，特别是在谣言传播的早期阶段采取控制策略，控制效果更佳。Chen等[104]考虑到谣言传播者经历一段时间冷静成为免疫者，以及个体流动性，提出了关于突发事件谣言传播的控制模型，并分析了谣言系统的稳定性，最后提出了危机管理部门抑制谣言传播的方法。Huo等[105]考虑政府应急策略和媒体报道对谣言传播的动态影响，构建了以非线性动态模型为基础的谣言最优控制模型，仿真结果表明，调整控制政府的应急策略和媒体报道，可以有效降低谣言传播范围和传播峰值。朱恒民等[106]引入媒体可信度、报道力度和数量，构建了舆情话题传播模型，研究结果表明，媒体可以加快舆情传播速度和扩大其传播范围。霍良安等[107]建立了谣言信息传播模型，考虑科普教育、媒体报道对谣言信息传播的影响，并分析了模型稳定性和谣言信息传播的最优控制策略。樊重俊等[108]构建了微分方程模型，分析了模型的有界性、平衡点以及稳定性，模拟仿真结果表明，官方媒体在谣言传播过程中有着积极的作用。廖列法等[109]引入谣言接受概率函数建立CASR谣言传播模型，分析了信任度、媒介效应和信号叠加作用对谣言传播的影响。Huo等[110]引入媒体报道分析谣言传播现象，并利用Routh-Hurwitz理论求解平衡点，分析其稳定性，还利用Pontryagin极大值原理分析了最优控制策略。

部分国内学者分析免疫策略、网络结构、节点等影响因素对在线社交网络谣言传播的影响。宋楠等[111]引入择优策略和随机策略，分析了恐怖信息传播和政府的最优策略。Liu等[112]提出了异构网络谣言模型，分析了无谣言均衡集的全局动态行为，并讨论了两种谣言免疫策略。Jiang等[113]引入节点度描述谣言散布者数量的动态变化，建立了新型在线社交网络谣言传播模型，并提出免疫结构SIR模型，理论分析和数值模拟结果表明，对易感人群进行免疫是控制谣言传播的有效方法。免疫结构模型进一步解释了网络结构决定了免疫方法的选择。王亚奇等[114]构建了一种考虑微博用户关系网络内部特征的模型，分析谣言传播动力学行为和网络拓扑统计特性，结果表明，幂律分布有利于谣言传播。孙睿等[115]研究表明，节点对谣言接受度的差异可导致谣言传播速度减缓，传播规模减小。李桂华等[116]利用扎根理论分析网民对谣言传播的回应性文本，提出了网络谣言信息接收反应机制。黄启发等[117]引入微观个体关系层次进行分析，结果表明，当用户传播信息的成本小于收益时，更利于信息的传播。王超等[118]建立了基于SEIR模型的信息传播模型，分析网络参数对信息传播过程的影响。万贻平等[119]建立了考虑谣言清除者的模型，对模型进行稳态分析和阈值求解，研究表明，网络平均度过小或过大都限制谣言传播影响范围。陈玟宇等[120]分析了信息与行为交互传播过程，发现时效性、转播率、社会加强效果、源节点的度与核数、节点的度及与源节点距离都影响传播的速度和范围。吴联仁等[121]建立了有异质的时间间隔序列传播模型。海沫等[122]梳理了网络信息传播研究模型，并详细分析其具体包含的九类模型。李旭军等[123]引入传播树模型研究节点活跃时间对信息传播的影响。柳文艳等[124]引入信息影响力、个体间信息传播概率和接种比例等因素进行研究，结果表明，信息影响力在小世界强度减弱时发生了逆转，个体间信息传播速率加大传染病的规模和概率。肖云鹏等[125]引入动态节点行为和用户影响力，建立了网络信息传播模型。张子柯等[126]梳理和对比了在线社交网络信息传播的方法和算法。吴晓等[127]将社交网络用户分为四大类，建立了一个新的网络谣言传播模型，分析谣言传播过程的影响因素。黄宏程等[128]考虑社交网络用户之间的强弱关系，提取用户间的亲密度、互动频率和权威性等因素，识别具有潜在价值的弱关系，控制信息传播。夏志杰等[129]考虑谣言净化者以及自净化机制，构建了媒体谣言传播模型，并求解谣言信息传播阈值，结果表明，媒体谣言可以自净化。李钢等[130]引入受众的个体特征差异研究谣言的传播规律，提出了新型谣言传播的耦合社交网络，构建了考虑用户的基本特征和心理特征的谣言传播模型。滕婕等[131]引入个体的异质性，采用异质元胞自动机构建了改进SEIR辟谣信息扩散模型。郭路生等[132]剖析了社交媒体用户的认知、动机、传播行为之间的关系，探索影响其健康信息传播行为的因素，建立了社交媒体用户有关健康信息传播的影响机理模型。张鹏等[133]梳理了信息传播的影响因素、强弱关系连接的信息传播模式，并提出了未来研究的主要方向。李中梅等[134]通过文献综述法、专家访谈法和模糊DEA方法，选取了智库信息传播效果的评价指标。徐凯等[135]研究了信息的双向传播机理。

部分国内学者分析谣言来源问题，探索其可能来源以及对网络信息传播的影响。张聿博等[136]提出了一种考虑信息扩散源定位问题的网络观察点优化部署方法。张聿博等[137]分析了单信息源的传播延时，结果表明，增加信息源到观察点的距离差之和，会使定位信息源的准确率提高。吴尤可等[138]通过分析观测到的部分节点状态来追溯谣言的源头，并利用极大似然估计法寻找谣言源头。张聿博等[139]提出了一种考虑部分路径的快速定位信息源点的方法，利用部分传播路径对候选传播源点进行筛选，减小计算量，提高源点定位效率。胡长军等[140]梳理了流行度预测、传播建模、溯源等信息传播研究内容，展望信息传播流行度特征点的预测、不完整观测条件下观测节点的选取、宏微观交互机理研究等研究方向。张聿博等[141]提出了一种考虑信息部分传播路径的新信息源点定位方法，重构网络信息传播过程，修正信息传播子图，更准确地定位信息源点。张锡哲等[142]利用传播源点定位方法对网络动态拓扑机构进行建模。此外，还有部分国内学者利用双层网络分析了耦合交互传播过程。[143-144]

（三）在线社交网络信息传播控制机理分析

国内学者对在线社交网络信息传播研究问题中的单信息和双信息传播控制机理进行了分析。

国内学者对单信息传播控制机理进行了研究。王辉等[145]建立了以CSR模型为基础的改进CSR的谣言传播模型，分析人类接受谣言的阈值对接受概率的影响，仿真结果表明，新谣言传播模型对初值具有敏感性，在匀质网络中传播范围更广。王小娟等[146]根据压缩映射定理研究不动点迭代过程，分析了关联特征对网络信息传播过程的影响。徐会杰等[147]建立了考虑用户行为异质性的网络论坛SEIR谣言传播模型，推导模型的谣言传播临界阈值，仿真结果表明，信任机制会降低谣言传播速率并缩小影响范围。汪筱阳等[148]考虑复杂网络理论、辐射理论和平均场理论，建立了跨邻居传播模型，数值仿真证明了理论的正确性和模型的有效性。Wang等[149]分析新浪微博社区信息传播过程，提出了SEINR模型，详细分析和证明了该网络的基本再生数、平衡点的存在性和稳定性。王筱莉等[150]构建了考虑辟谣机制的谣言传播模型，求解谣言传播阈值，仿真结果表明，辟谣可以抑制谣言传播。冉茂洁等[151]引入个体兴趣度差异，分析了模型平衡点以及平衡点稳定性。Hu等[152]考虑人群中智者的比例对谣言传播的影响，为研究谣言传播问题提供了一个新的视角。将谣言传播速度作为模型中随时间变化的变量，并利用Routh-Hurwitz准则分析平衡点渐近稳定性，为谣言控制提供了理论支持。Huo等[153]构建了考虑低活跃和高活跃传播者的谣言传播模型，根据Routh-Hurwitz准则建立局部渐近稳定平衡，并根据Lasalle不变性原理证明了模型内部平衡的全局稳定性。Cui等[154]考虑模块化结构的时变特性，提出了一个连续时间的信息扩散马氏模型，推导了该模型的基本再生数，结果表明，社会流动性和社区吸引力对信息扩散有较强的影响，个体的社会流动性可以通过增强具有较高社区吸引力的优势群体的本地传播来促进，模块化程度越高，这种促进效应的强度越大。Wan等[155]提出了基于无标度网络的SEIR谣言传播模型，分析无谣言均衡的全局渐近稳定性。Huo等[156]提出了具有两种媒体报道的谣言传播模型，计算模型的平衡点，并利用李雅普诺夫函数证明了平衡点的全局渐近稳定性，研究结果表明，两个媒体间的无知转移率直接影响传播者规模，不同的媒体报道对谣言传播有显著的影响。Zheng等[157]利用Twitter真实数据，基于SIR的传播模型，定位和识别信息传播过程中的相变，研究发现，信息内容比发件人的受欢迎程度更重要，当信息被转发的概率高于阈值时，信息将大规模传播。Zhang等[158]引入一般关联函数的同构、异构网络，建立了谣言传播动态模型，分析模型的稳定性和基本再生数，并利用比较原理、单调迭代算法分析了无谣言均衡的全局稳定性以及正均衡的全局吸引性。Yi等[159]分析社会关系对在线社交网络信息传播的影响，提出了一个具有社会关系强度和自我确认机制的动态模型，该模型的平衡点是全局渐进稳定的，并证明社会关系在信息传播中起着关键作用。瞿倩倩等[160]引入个体亲密度函数、谣言信度函数分析用户间亲密度、用户对谣言的抵抗能力，并分析模型基本再生数，提出了控制谣言传播的建议，实验结果表明，高个体亲密度和谣言信度促进谣言传播。Zhang等[161]建立了SETQR模型，并利用微分动力学和再生矩阵法，得到了该模型的平衡点和基本再生数，从理论上推导了该模型在平衡点处的稳定性，仿真结果表明，该模型在平衡点处达到了局部稳定，与理论分析结果一致，通过进一步的仿真，分析了时滞、包容和遗忘机制对信息传播速度和网络达到平衡所需时间的影响。Xu等[162]引入犹豫、遗忘、社交网络的异质性，提出了一种新的无标度网络谣言传播模型，分析无谣言均衡的全局稳定性、谣言盛行均衡的全局吸引性。Li等[163]建立了谣言传播模型，求解谣言以及无谣言平衡点，并分析其局部稳定性、全局稳定性以及模型参数对谣言信息传播的影响。Yao等[164]利用数学模型SDILR分析社交媒体上谣言反复传播的问题，考虑到网络社交媒体的过滤功能、谣言传播者的顽固性，分析系统平衡点以及其稳定性，探讨了谣言控制策略。Sang等[165]考虑到用户辨别信息的能力取决于他们的自觉行为和知识水平，在传统的SIR模型的基础上，提出了一种新的信息传播模型，分析了无谣言稳定点的稳定性。

国内学者对双信息传播控制机理进行了研究。邵峰晶等[166]分析针对多种信息传播并存且相互作用的现象，提出了多信息传播的SIn模型。Wang等[167]提出无标度社交网络上两个竞争思想的动力学取决于他们是否有排他性的影响。Yan等[168]分析了负面信息和正面信息耦合传播过程。刘咏梅等[169]建立了以生物数学Lotka-Volterra模型为基础的谣言传播模型，结果表明，谣言平衡点仅由谣言—反谣言之间的系数来决定。李林等[170]构建了考虑从众行为、先入为主和领导意见三种方式的冲突信息传播模型，结果表明，网络结构和个体行为倾向显著影响信息传播。苏晓萍等[171]建立了考虑具有合作竞争关系的信息传播模型，结果表明，弱病毒与强病毒合作而存在、赢者通吃。Liu等[172]建立了SHIR信息传播模型，分析竞争对偶信息扩散规律，结果表明，竞争的最终结果与二元信息的稳定转化率之比密切相关。周亚东等[173]建立了考虑网络多个话题竞态传播的模型，分析多个同类热点话题在网络传播中的相互作用以及各个话题的人群参与规模。Yang等[174]提出了一个多网络上的竞争信息模型，通过实际复合网络和人工复合网络的仿真，结果表明，在多网络中，竞争信息的传播过程与节点度密切相关，通过控制竞争信息的交换率，可以准确地确定信息优势，证实了所提出的模型能够描述在复杂的社会网络中竞争信息的动态演化。Luo等[175]探讨了正面新闻对社交网络谣言传播的影响，提出了ISSPR谣言传播模型，基于转移概率法，分析具有无标度特征的在线社交网络谣言传播过程，研究发现，提高正面新闻传播者的行动可以抑制谣言的传播速度。Zhang等[176]提出了考虑超级传播机制的谣言传播模型，研究结果表明，权威信息可有效抑制谣言的传播，而且权威信息对谣言的影响大于禁止谣言传播的力量。张菊平等[177]建立了考虑遗忘因素和真实信息传播者的SITR谣言传播模型，求解模型阈值，并分析边界平衡点条件及其稳定性，并通过数值模拟对理论结果进行了验证。Huo等[178]针对突发事件产生谣言，政府发布真实信息的情况，建立了具有脉冲效应的谣言传播模型，并利用Floquet理论和多个Lyapunov函数，分析了系统阈值以及其稳定性。Yu等[179]构建了社会进化博弈框架来研究竞争信息传播中人类行为的影响，结果表明，当竞争信息的收益约为原信息收益的1.2倍时，可以弥补由于战略变化而造成的声誉损失。通过对新浪微博上两部电影数据集的实验，描述了社交网络真实数据上的竞争演化机制，并验证了模型的有效性。Yang等[180]考虑传播正确的信息比审查或网络破坏阻止谣言更合适，提出了一种竞争扩散模型，研究同一网络中两种不同类型的竞争信息相互作用。Liu等[181]引入同质性趋势，考察了竞争信息在社交网络上的传播过程，研究发现，同质性趋势保护弱势信息不灭绝，进而改变甚至逆转竞争信息稳定比例的差异，信息具有较强的传播能力和扩散优势时有可能反转。这为控制错误信息提供了理论基础，有助于在许多实际场景中设计有效的竞争策略。

（四）在线社交网络信息传播延时控制机理分析

国内学者对单信息传播延时机理进行了研究。赵洪涌等[182]建立了考虑时空滞后、空间扩散、媒体报道等因素的谣言传播模型，分析其稳定性、Hopf分岔条件，结果表明，时滞可以影响模型的稳定性和收敛速度，媒体报道可以减小网络中谣言传播者密度。Zhu等[183]以无标度社交网络为基础，建立了延时SIS谣言传播模型，综合分析网络拓扑结构、传播延时、心理因素和控制策略对在线社交网络谣言扩散的影响。Huo等[184]考虑官员多次否认谣言的周期性冲动，提出了具有时滞和脉冲免疫的谣言传播模型，证明了系统存在一个无谣言周期解，而且无谣言周期解具有全局吸引力，数值模拟结果表明，长潜伏期、短脉冲期、大的疫苗接种率是消灭谣言的充分条件。Li等[185]建立了具有饱和控制函数的时滞谣言传播模型，分析Hopf分岔方向和分岔周期解稳定性，仿真结果表明，调整政府行为可以使系统的周期振荡趋于稳定状态。王飞等[186]引入时间常数、纯迟延时间和静态增益，分析谣言传播路径，建立了一阶惯性环节、一阶惯性纯迟延环节和n阶惯性纯迟延环节模型，研究结果验证了模型的有效性。Huo等[187]构建了考虑心理因素和时滞的谣言传播模型，引入社会信息发布和科学知识推广两种控制策略，分析如何降低无知者和传播者的数量以及控制成本最小化。Jia等[188]构建了一个随机延时谣言传播模型，分析谣言消除的充分条件，证明了解的有界性。Zhu等[189]考虑到谣言传播过程中的时间延时，提出了一个改进的社交网络谣言传播模型，分析其局部和全局稳定性。Zhu等[190]考虑到网络用户识别和反驳谣言，建立了具有自辨识和时滞的社交网络谣言传播模型，求解系统的平衡点，构造李雅普诺夫函数，分析平衡点的局部和全局渐近稳定性。朱霖河等[191]建立了考虑时滞效应和辟谣机制的谣言传播模型，求解其基本再生数和平衡点，分析Hopf分支条件和平衡点稳定性，结果表明，辟谣信息可降低谣言传播范围。Zhu等[192]提出了一个具有时滞和非线性函数的网络谣言传播模型，分析谣言盛行平衡点的存在性和稳定性以及Hopf分岔的充分条件。Zhu等[193]考虑到强制沉默函数、时延和网络拓扑结构对谣言传播的影响，提出了一种延时SIR社交网络谣言传播模型，证明了解的有界性，求解基本再生数和谣言盛行平衡点，揭示均匀和非均匀网络中平衡点的前向和后向分岔以及平衡点的局域和全局稳定性。

　　国内学者引入延时影响因素，系统分析了在线社交网络双信息传播的动态变化。Wang等[194]考虑到谣言传播与免疫接种间存在延时时间，构建了引入延时时间的新型SIR模型，研究结果表明，延时时间越长，免疫效果越差，同时发现，真相的传播可抑制谣言的传播，而且真相可信度越高，抑制效果越明显。Ji等[195]引入准规则树和重中心的概念，研究了识别网络中多个谣言或感染源问题，并分析这些谣言或感染源在何时开始传播，仿真结果表明，其算法框架比假设所有的感染源同时开始传播的多源估计器性能更好。Zan等[196]考虑到两个不同发布时间谣言的传播，研究了社交网络中双谣言的动态传播过程，假设没有谣言优先级，引入不同谣言对传播者吸引力的选择参数，数值模拟研究两种谣言的相互作用以及不同参数下谣言传播的最大值和最终规模；仿真结果表明，新谣言存在最好的发布时间，而且延时时间和选择参数相互依存，越接近新谣言开始时间是最好的时间，相互依存将越明显；此外有影响力的节点是新谣言较好的传播者，是战略应该优先考虑的对象；研究揭示，双谣言传播模式为进一步研究社交网络多个信息传播提供途径。Wang等[197]引入两种谣言相互促进作用，建立了一个3SI3R社交网络谣言传播模型，结果表明，相互促进有助于加快谣言传播以及扩大谣言传播范围，遗忘率有助于减小两个谣言的影响范围。

三、国内外研究评述

近年来，国内外学者结合传染病动力学理论以及其他数学方法，从不同的视角对在线社交网络信息传播问题进行了大量广泛的研究，在复杂网络、数据挖掘、系统动力学等研究领域取得了丰富的重要成果。一方面，建立基于网络拓扑结构和用户心理因素等影响因素的新型信息传播模型，为研究在线社交网络信息传播演化趋势提供充足的理论依据；另一方面，研究在线社交网络信息传播控制机理以及信息延时发布的现象，为深入探索有效控制信息传播奠定了坚实的基础。但仍有以下问题有待深入研究。

（一）自净化的在线社交网络单信息传播研究尚显不足

用户作为在线社交网络信息传播的主体，对信息传播具有重要影响。目前的在线社交网络单信息自净化传播模型，假设未知者接触谣言传播者后，同时转变为谣言传播者、免疫者、潜伏净化者，但却忽视了用户可能直接转变为净化者以及潜伏者的纠正意愿。因此，在已有研究基础上，充分考虑未知者接触谣言传播者后，同时转变为谣言传播者、免疫者、潜伏者和净化者的现象，以及潜伏者转变为谣言传播者或者谣言净化者的纠正作用，构建全新传染病单信息传播模型，推导自净化系统的阈值，仿真以上四个群体的演化趋势，能够揭示在线社交网络单信息自净化传播的内在规律。

（二）考虑双向转变的在线社交网络双信息传播研究尚不深入

目前，多数在线社交网络双信息传播研究文献中，未知者接触谣言传播者和真实信息传播者后，直接作出传播与否的决定。然而，由于个体认知水平、教育程度[41]等的差异，大部分个体往往需要思考判断后才能作出决定，所以加入真实信息潜伏者和谣言潜伏者更加符合实际情况；同时，在已有研究中真实信息、谣言潜伏者直接转变为真实信息、谣言传播者。然而，在现实中，谣言潜伏者发现真相也可能转变为真实信息传播者，真实信息潜伏者误认为谣言是真相，也可能转化为谣言传播者。因此，基于以上考虑，建立全新传染病双信息传播模型，推导系统的阈值，仿真真实信息和谣言的演化趋势，能够揭示在线社交网络双信息传播的内在规律。

（三）在线社交网络双信息传播复合机制研究亟待突破

当前在线社交网络信息传播文献，一方面研究在线社交网络单信息传播规律，主要采用传染病传播模型理论分析系统的阈值、平衡点以及稳定性；另一方面研究在线社交网络双信息传播规律，采用传染病模型框架、种群动力学模型等理论方法分析信息传播过程中的竞争作用、竞争合作作用。[198]然而现有研究对于双信息共存传播过程体现不足，尤其是如何运用一条信息快速干预另一条信息的传播速度和传播范围以及两条信息如何达到最终的稳定状态还基本处于空白状态。因此，结合种群动力学理论，拓展分析在线社交网络双信息传播过程中影响双信息平衡点的因素是亟待解决的关键科学问题。

（四）考虑延时的在线社交网络双信息传播机理研究仍然欠缺

在线社交网络信息传播具有延时特性，网络事件发生后会形成多种观点，各种观点在社交网络中出现有先后顺序，目前在线社交网络信息延时传播主要研究单信息延时传播问题，少量研究关注了双谣言延时传播问题。尽管现有研究构建了谣言和真实信息耦合传播模型，但是未考虑政府官方公布真实信息的延时性。因此，建立考虑延时的在线社交网络双信息传播模型是需要解决的重要问题，而且进一步探索各种影响在线社交网络信息传播因素以及其数值大小，分析政府官方发布真实信息的最佳时间，以确定网络双信息传播平衡点更是有效控制谣言等负面信息传播的重要研究方向。

第三节 研究内容与研究方法

一、研究内容

本书按照"单信息（谣言）单一机制—双信息单一机制（双向转变机制）—双信息复合机制（竞争合作机制）—双信息延时复合机制"的研究思路来开展分析研究。其中，单信息是以谣言为研究对象，对谣言传播的自净化机制进行研究，这是后续双信息的研究基础；双信息研究是以谣言信息、真实信息为研究对象，是按照从单一机制到复合机制再到延时复合机制的递进关系进行研究的。在已有研究成果的基础上，以在线社交网络信息传播建模为关注点，考虑网络拓扑结构、信息主题、用户行为等因素对信息传播的影响，并利用传染病模型和种群模型，分析在线社交网络信息传播问题。

本书共包括七部分内容。第一章分析国内外社交网络信息传播研究现状，梳理信息传播研究成果并发现研究不足，为后续研究奠定理论基础；第二章分析在线社交网络拓扑特征和传播动力学模型，为后续章节构建模型的基础；第三章以第二章ER随机网络模型或小世界网络模型和传染病动力学模型为基础，构建网络单信息传播模型并仿真分析在线社交网络信息传播规律；第四章将研究对象从第三章单信息层面拓展到双信息层面，构建在线社交网络谣言信息和真实信息传播模型并仿真分析其稳定性和演化趋势；第五章将第四章双信息单一机制拓展到双信息复合机制，构建在线社交网络谣言信息和真实信息复合机制（竞争合作机制）的种群动力学传播模型，并仿真分析系统的初值和控制参数对平衡点的影响；第六章将第五章双信息中真实信息即时发布进一步优化为延时发布，分析延时机制对在线社交网络谣言信息和真实信息传播的影响，建立延时种群动力学传播模型，并仿真分析系统延时对平衡点的影响；第七章结合社交网络双信息传播建模的结论，根据社交网络信息传播的周期规律，从不同主体角度提出社交网络谣言信息传播更具有针对性的治理策略。如图1-1所示。

■ 在线社交网络双信息传播建模及仿真研究

| 研究方法 | 主要研究内容 | 研究思路 |

研究方法：
- 文献研究法
- 社交网络分析法
- 复杂网络传播动力学方法
- 数值仿真方法
- 种群动力学方法
- 数值仿真方法

主要研究内容：

第一章：问题的提出 → 国内外研究现状

第二章：在线社交网络及传播动力学理论
- 基本拓扑性质
- 基本网络模型
- 传播动力学模型

第三章：融入自净化机制的在线社交网络单信息传播建模（双信息研究基础）

第四章：具有双向转变机制的在线社交网络双信息传播建模

第五章：基于竞争合作复合机制的在线社交网络双信息传播建模

第六章：考虑延时的在线社交网络双信息传播建模

第七章：在线社交网络双信息传播治理策略

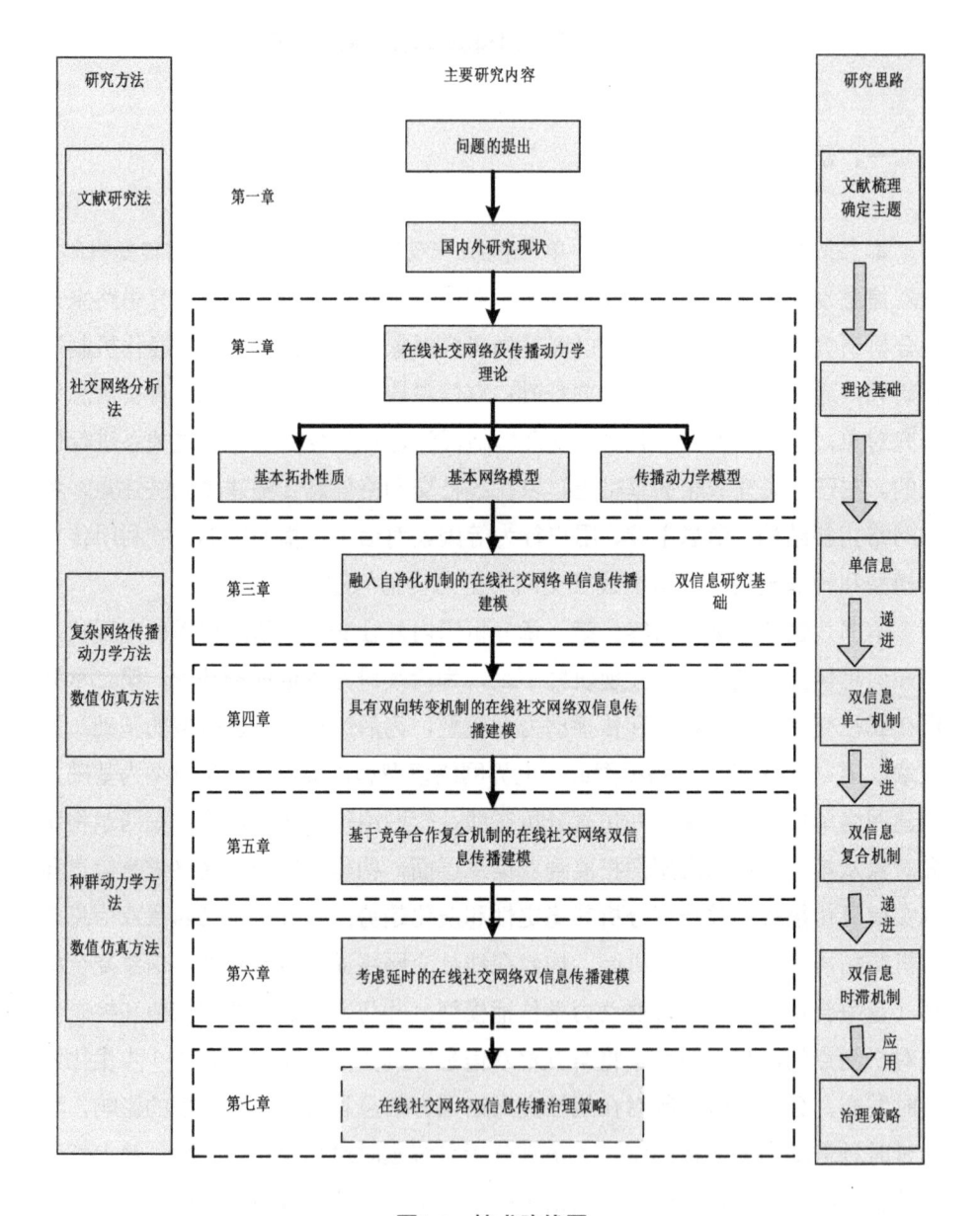

研究思路：
文献梳理确定主题 ⇒ 理论基础 ⇒ 单信息 （递进）⇒ 双信息单一机制 （递进）⇒ 双信息复合机制 （递进）⇒ 双信息时滞机制 （应用）⇒ 治理策略

图1-1 技术路线图

Fig. 1-1 Technology roadmap

主要研究内容如下：

（1）分析本书的研究背景并对其国内外现状进行研究。首先，分析了在线社交网络双信息传播建模及仿真研究的选题背景,总结研究的理论意义和现实意义;其次,从社交网络传染病传播理论、在线社交网络信息传播、在线社交网络信息传播控制机理以及在线社交网络信息传播延时控制机理四个方面分析与梳理国内外研究成果,并指出当前研究的不足;最后,阐述本书的研究内容和研究方法。

(2) 阐述在线社交网络及传播动力学理论。首先,从度、聚类系数和平均路径长度等角度刻画了在线社交网络的拓扑结构;其次,论述了在线社交网络中较有影响力的规则网络、小世界网络、ER随机网络以及BA无标度网络等网络模型;最后,研究了传染病模型和种群模型,为研究在线社交网络双信息传播问题奠定基础。

(3) 建立融入自净化机制的在线社交网络单信息传播模型。首先,阐述在线社交网络单信息传播过程中存在的自净化传播现象及其机制,系统阐述自净化机制并对其进行定义,引入自净化机制改进SEIR模型;其次,建立微分动力学方程组对单信息传播进行描述,分析谣言传播模型的阈值;最后,采用Matlab数值仿真方法分析自净化机制影响下各类社交网络用户节点密度的演变规律和变化趋势。

(4) 构建具有双向转变机制的在线社交网络双信息传播模型。首先,明确定义潜伏者双向转变机制;其次,构建在线社交网络双信息双向转变机制传播动力学模型,并求解双信息传播阈值;最后,利用Matlab软件模拟双信息在均匀社交网络中的传播过程,揭示双向转变机制影响下在线社交网络双信息传播规律。

(5) 提出基于种群动力学的在线社交网络双信息传播模型。首先,分析在线社交网络谣言信息和真实信息传播现象;其次,引入Logistic项和Holling-II型功能反应函数构建双信息竞争合作模型,分析双信息传播过程中竞争合作复合机制以及其稳定性;最后,数值仿真并利用新浪微博转发数据,仿真不同模型参数和控制系数对社交网络双信息传播的影响,揭示在线社交网络中双信息传播过程中的竞争合作规律。

(6) 建立考虑真实信息发布延时性的在线社交网络双信息传播模型。首先,分析在线社交网络真实信息往往发布滞后于谣言信息的传播现象,引入延时参数构建双信息竞争合作模型；其次，建立延时微分方程组，研究自治微分动力学方程组的平衡点及其稳定性以及延时微分动力学方程组的平衡点及其稳定性，同时分析系统的稳定性；最后，通过Mathematica软件仿真模拟，揭示在线社交网络双信息传播的内在机理和传播规律。

（7）提出在线社交网络双信息传播的治理策略。本章结合社交网络双信息传播建模的结论，根据社交网络谣言信息传播的周期规律，将谣言信息传播周期划分为传播初期、中期以及后期三个阶段，从不同主体角度提出社交网络谣言信息传播更具有针对性的治理策略。

二、研究方法

（1）文献研究法。本书通过CNKI、Web of Science等渠道搜集并阅读在线社交网络信息传播领域的文献资料，全面掌握了网络信息传播的研究动态。对其国内外研究成果进行梳理，发现现有研究成果的不足之处；明确信息传播问题的研究方法以及应用范围，并寻求方法的改进以及新方法。

（2）社会网络分析方法。该方法是以数学方法、图论为基础的定量方法。本书采用社会网络分析方法，分析在线社交网络中节点出度和入度等网络结构特征和其对应的现实含义，进而建立均匀网络单双信息传播模型，考虑节点度对在线社交网络谣言信息和真实信息动态传播过程以及真实信息发布延时性的影响。

（3）复杂网络传播动力学方法。以传染病动力学为基础，分析均匀网络信息传播过程，同时结合自净化机制以及双向转变机制，重新定义网络节点状态与传播规则，构建在线社交网络信息传播微分方程，揭示在线社交网络信息传播规律。

（4）种群动力学方法。种群动力学是一种分析生物种群在环境中变化情况的生物数学，在一定环境下，模型可以表示生物种群之间的交互关系。本书采用种群动力学方法，分别建立具有竞争合作机制的谣言信息和真实信息动态交互以及延时交互传播模型，通过对演化方程组进行数学推导和模拟仿真，求解和画出在线社交网络两条信息传播过程中的稳定点，揭示两条信息传播的内在机理。

（5）数值仿真方法。基于Matlab、Mathematica平台，本书采用数值仿真方法模拟在线社交网络信息传播的复杂过程，验证自净化机制在线社交网络信息传播模型、双向转变机制下在线社交网络信息传播模型、在线社交网络信息传播动态交互模型、在线社交网络信息传播延时交互模型等理论分析结果的正确性，进而揭示在线社会网络信息传播机制和内在规律。

第二章 在线社交网络及传播动力学理论

在线社交网络的用户数量与日俱增，形成社交网络庞大的用户规模，在线社交网络仅仅借助简单的图示方法难以分析社交网络的基本特征，因此在线社交网络的分析需要借助复杂网络理论。本章首先分析在线社交网络的基本结构参量，在此基础上分析在线社交网络的基本网络模型。

在线社交网络借助复杂网络上的传染病模型分析社交网络中信息传播规律，同时引入种群模型对社交网络信息传播过程进行分析。本章分析了传染病模型和种群模型。

第一节 在线社交网络基本结构参量

为刻画在线社交网络的拓扑结构，在线社交网络从不同的角度对社交网络的特征进行了分析，其中度可以描述一个用户在在线社交网络中的重要程度，平均路径长度可以反映两个用户之间信息传递速度的快慢，聚类系数可以刻画在线社交网络中用户物以类聚、人以群分的程度。

一、度

在线社交网络可以抽象为一个图 $G = (V, E)$，其中，V 表示在线社交网络中所有用户的集合，E 表示在线社交网络中所有用户之间相互作用关系的集合，假设在线社交网络中所有用户数量是 N，所有用户之间关系的个数是 M，则有

$$N = |V| \qquad (2\text{-}1)$$

$$M = |E| \qquad (2\text{-}2)$$

在线社交网络的邻接矩阵是表示在线社交网络用户之间是否存在相互作用关系的参量，邻接矩阵的元素A_{ij}的取值是0或者1，则有

$$A_{ij} = \begin{cases} 1, \text{用户}i\text{和}j\text{有关系} \\ 0, \text{用户}i\text{和}j\text{无关系} \end{cases} \qquad (2\text{-}3)$$

在线社交网络用户i的度数k_i表示在线社交网络中所有用户与用户i存在相互作用关系的用户总数量[197]，则有

$$k_i = \sum_{j=1}^{N} A_{ij} = \sum_{j=1}^{N} A_{ji} \qquad (2\text{-}4)$$

在线社交网络用户i的度数k_i的数值越大，表示在线社交网络中与用户i发生相互作用关系的用户越多；反之，则表示在线社交网络中与用户i发生相互作用关系的用户越少。假设在线社交网络所有用户度数的平均值用$<k>$表示，则有

$$<k> = \frac{1}{N} \sum_{i=1}^{N} k_i = \frac{1}{N} \sum_{i,j=1}^{N} A_{ij} \qquad (2\text{-}5)$$

在线社交网络中所有用户度数之和等于在线社交网络中所有边数的2倍，即

$$2M = N<k> = \sum_{i=1}^{N} k_i = \sum_{i,j=1}^{N} A_{ij} \qquad (2\text{-}6)$$

则有

$$<k> = \frac{2M}{N} \qquad (2\text{-}7)$$

度分布用概率分布函数$p(k)$来表示。度分布$p(k)$表示在线社交网络中随机选取一个用户，其度数是k的概率；也表示在线社交网络中度数是k的用户个数与在线社交网络用户总数的比例，其表达式为

$$P(k) = \frac{n_k}{N} \qquad (2\text{-}8)$$

其中，n_k表示度数k的在线社交网络用户个数，N表示在线社交网络用户总数。在线社交网络用户度分布满足归一化标准，即

$$\sum_{k=0}^{\infty} P(k) = 1 \qquad (2\text{-}9)$$

在线社交网络用户的平均度也可以表示为

$$<k> = \frac{1}{N} \sum_{k=0}^{\infty} kP(k) \qquad (2\text{-}10)$$

二、平均路径长度

在在线社交网络中，任意两个用户i和用户j之间边数最少的路径作为用户i和用户j之间的最短路径。在线社交网络用户i和用户j之间的最短路径长度d_{ij}指的是连接两个用户最短路径上的边数。

在线社交网络平均路径长度L是指社交网络中所有用户之间距离的平均值[198]，即

$$L = \frac{2}{N(N-1)} \sum_{i>j} d_{ij} \qquad (2\text{-}11)$$

其中，N表示在线社交网络中用户总数，$N(N-1)/2$是在线社交网络中用户对数。在线社交网络具有小世界特性，平均路径长度较小。[199-200]

三、聚类系数

在在线社交网络中，某个用户i的好朋友之间彼此也是好朋友，这种属性被称为聚类特性，它表示网络用户关系的紧密程度。假设在线社交网络中某个

用户i有k_i个用户与其有相互作用关系,我们称这k_i个用户为用户i的邻居。显然,这k_i个用户之间最多有$C_{k_i}^2$个相互作用关系。假设用户i的k_i个用户邻居之间实际存在相互作用关系E_i个,则在线社交网络用户i的聚类系数C_i[201],定义为

$$C_i = \frac{E_i}{C_{k_i}^2} = \frac{2E_i}{k_i(k_i-1)} \quad (2\text{-}12)$$

从几何角度看,在线社交网络用户i的聚类系数C_i可以写为

$$C_i = \frac{a_1}{a_2} \quad (2\text{-}13)$$

其中,a_1表示与用户i相连接的三角形数量,a_2表示与用户i相连接的三元组数量,用户i相连接的三元组是指包括用户i的三个用户,并且至少存在从用户i到其他两个用户的两个相互作用关系,如图2-1所示。

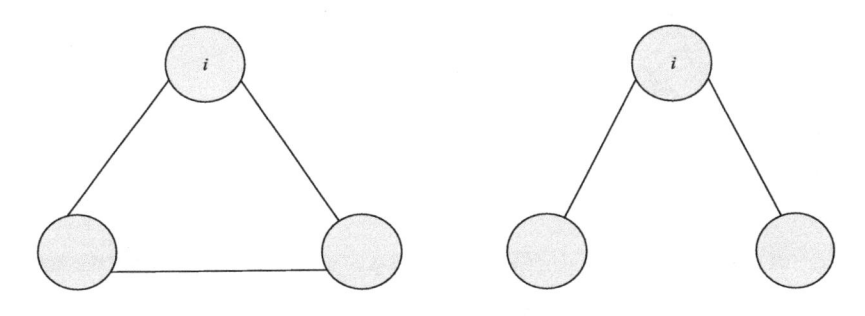

图2-1 以用户i为中心的连通三元组的两种可能形式

Fig. 2-1 Two possible forms of connected triples centered on user i

第二节 在线社交网络基本网络模型

为了更加深入地研究真实网络的结构特征,学者提出多种网络模型。其中有影响力的是规则网络、小世界网络、ER随机网络以及BA无标度网络。

一、在线社交网络规则网络模型

在线社交网络规则网络是社交网络用户遵循既定的规则连边而形成的网络。其中有代表性的有以下三种[197]：

（1）全局耦合网络：社交网络中任意两个用户都相连，聚类系数和平均路径长度都是1，如图2-2 a）所示。

（2）最近邻耦合网络：社交网络中用户只和其邻居用户连接，假设网络是一个包含N个用户的环，每个社交网络用户与其左右$k/2$个邻居用户连接，平均路径长度趋于无穷，聚类系数$C=3(k-2)/4(k-1)$，如图2-2 b）所示。

（3）星形耦合网络：社交网络有一个中心用户，剩余用户只和中心用户相连，平均路径长度$L=2-2/N\rightarrow 2(N\rightarrow\infty)$，聚类系数为0，如图2-2 c）所示。

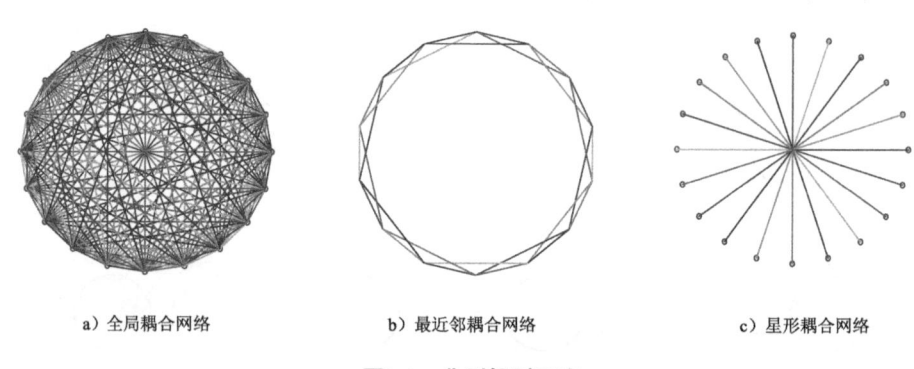

a）全局耦合网络　　　　b）最近邻耦合网络　　　　c）星形耦合网络

图2-2　典型规则网络

Fig. 2-2　Classical regular networks

二、在线社交网络 ER 随机网络模型

随机网络是社交网络用户随机连边形成的网络。Erdös和Rényi[202]共同提出具有代表性的ER随机网络模型，其规则如下：

（1）给定社交网络用户总数N。

（2）任意选取社交网络中两个用户以概率$p=2M/N(N-1)$连接两者，其中M是给定的用户间的边数，$N(N-1)/2$是社交网络最大边数。

（3）直到社交网络中边数达到 M 为止。

其演化示意图如图2-3所示。

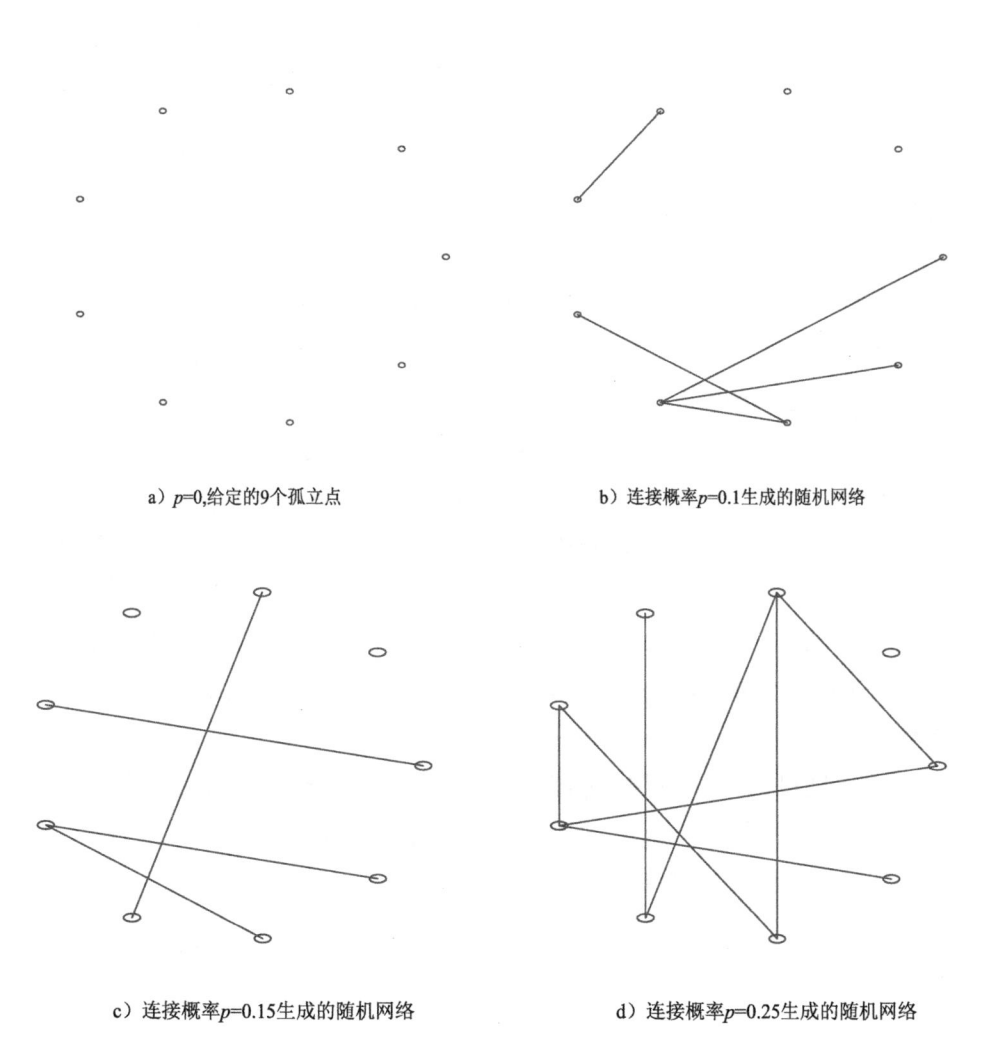

a）$p=0$,给定的9个孤立点

b）连接概率 $p=0.1$ 生成的随机网络

c）连接概率 $p=0.15$ 生成的随机网络

d）连接概率 $p=0.25$ 生成的随机网络

图2-3　随机网络演化

Fig.2-3　Evolution of random networks

三、在线社交网络小世界网络模型

在线社交网络的聚类系数高,平均路径长度短,然而以上两种网络不能同时满足这两个要求。为了解决这个问题,Watts和Strongts[201]在1998年提出WS小世界模型,其构造算法如下:

(1)从规则网络开始构造。给定一个包含N个用户的最近邻耦合网络,所有用户围成一个环状,每个用户只和其左右相邻$K/2$个邻居用户相连,其中K是偶数。

(2)边随机化重连。将上述规则网络的每条边以概率p进行随机重连,即保持边的一个端点不变,将另一端点以概率p成为社交网络剩余$N-K-1$个用户中随机选取的一个用户。规定:任意两个用户只能有一条边相连。

当$p=0$时,小世界模型对应完全规则网络;当$p=1$时,小世界模型对应完全随机网络,通过调整p值可以完成规则网络向随机网络的过渡。

WS小世界模型破坏了社交网络的连通性,Newman和Watts[203]提出NW小世界网络模型,其构造算法如下:

(1)从规则网络开始构造。给定一个包含N个用户的最近邻耦合网络,所有用户围成一个环状,每个用户只和其左右相邻$K/2$个邻居用户相连,其中K是偶数。

(2)随机化加边:以概率p随机选取社交网络中两个用户加上一条边,同时这两个用户间只有一条边,每个用户不能与自身相连。

其演化示意图如图2-4所示。

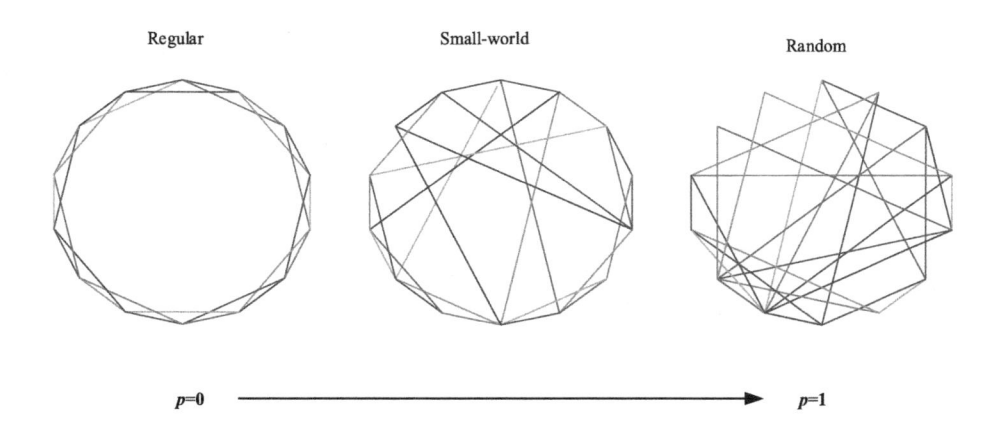

图2-4　WS小世界网络模型

Fig. 2-4　The model of WS small-world network

四、在线社交网络无标度网络模型

ER随机网络、WS小世界网络和NW小世界网络的度分布是一种近似的Poisson分布。这意味着当$k \gg \langle k \rangle$时，度数为k的用户几乎不存在，这种网络被称为均匀网络。

然而在线社交网络中存在少数用户与其他用户大量连接，而大部分用户与少数用户连接的现象，这种现象被称为幂律特征，这种网络被称为无标度网络。上述均匀网络无法描述这种现象，因此，Barabasi和Albert[204]提出无标度网络模型（见图2-5），该模型的性质：

（1）增长性质，即在线社交网络用户规模不断扩大。

（2）优先连接性质，即新用户更容易连接到社交网络度数大的用户。

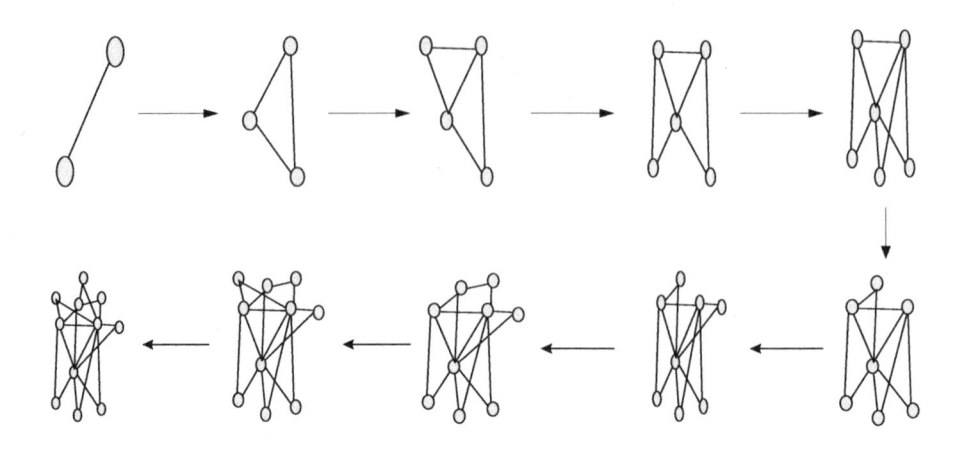

图2-5 BA无标度网络演化

Fig. 2-5 Evolution of BA scale-free networks

基于社交网络的增长性质和优先连接性质，在线社交网络无标度网络的具体算法如下：

（1）社交网络增长机制，从一个具有n_0个用户的社交网络开始，每次添加一个新用户，并与n个已经存在的用户相连，且满足$n \leqslant n_0$。

（2）社交网络优先连接机制，新加入的用户与一个已经存在的用户i连接的概率Π_i与用户i的度数k_i满足以下关系，即

$$\Pi_i = \frac{k_i}{\sum_j k_j} \tag{2-14}$$

第三节 在线社交网络传播动力学模型

在线社交网络主要研究谣言信息、真实信息等在社交网络中的传播过程，分析单信息或者双信息以及多信息在社交网络中的传播规律，并提出促进真实信息或者阻碍谣言信息在社交网络中传播的措施。

在线社交网络信息传播问题可以借助传染病模型和种群模型进行研究，基于本书的需要，我们首先引入传染病模型和种群模型，然后分析传染病传播模型在均匀社交网络以及双种群模型在现实社交网络中的传播过程，并给出预防和控制信息在社交网络中传播的有效措施。

一、传染病动力学模型

传染病动力学模型通常将网络中的个体分为几类，每一类个体处于一种状态，当满足一定条件以后，各个状态之间可以相互转移。

基本状态主要有如下几种：

（1）S（Susceptibe）：用户易感染状态。此类用户为健康用户，可以被病毒或者信息感染。

（2）I（Infected）：用户感染状态。此类用户已经被病毒或者信息感染，并可以感染其他健康用户。

（3）R（Remove/Recover）：用户免疫状态。此类用户在网络中已经具备免疫能力，不感染其他健康用户，也不被其他感染用户感染。

（4）E（Escape）：用户潜伏状态。此类用户已经被病毒或者信息感染，但是处于潜伏期，不能感染其他健康用户。

（一）SIR模型

SIR模型[69]的基本思想是将社交网络用户分为易感用户、感染用户和免疫用户三类。

SIR模型的状态转移概率如下所示：

α：S类用户被病毒或者信息感染为I类用户的概率。

β：I类用户被治愈并获得免疫成为R类用户的概率。

SIR模型的传播规则：

假设社交网络用户总数不变，感染用户通过概率α把病毒或者信息传给易感用户，感染用户以概率β被治愈，成为免疫用户。

根据SIR模型的传播规则，可以得到该模型的节点状态转移图，如图2-6

所示。

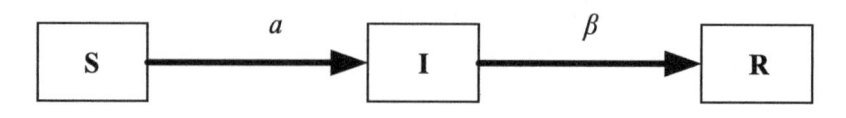

图2-6　SIR模型节点状态转移图

Fig. 2-6　SIR Model node state transition diagram

令$S(t)$、$I(t)$、$R(t)$分别表示t时刻社交网络中易感用户、感染用户和免疫用户占社交网络总用户的比例，SIR模型传播动力学方程为

$$\begin{cases} \dfrac{\mathrm{d}S(t)}{\mathrm{d}t} = -\alpha S(t)I(t) \\ \dfrac{\mathrm{d}I(t)}{\mathrm{d}t} = -\beta S(t) + \alpha S(t)I(t) \\ \dfrac{\mathrm{d}R(t)}{\mathrm{d}t} = -\beta I(t) \end{cases} \quad (2\text{-}15)$$

随着时间的推移，社交网络中感染用户将逐渐增加。但是，经过足够长的时间后，由于易感用户的不足使得感染用户开始减少，直至感染用户数量变为0。

（二）SEIR模型

SEIR模型[68]的基本思想是将社交网络用户分为易感用户、潜伏用户、感染用户和免疫用户四类。

SEIR模型的状态转移概率如下所示：

α：S类用户被病毒或者信息感染为E类用户的概率。

β：E类用户转变为I类用户的概率。

γ：I类用户被治愈并获得免疫成为R类用户的概率。

SEIR模型的传播规则：

假设社交网络用户总数不变，感染用户通过概率α把病毒或者信息传给潜伏用户，潜伏用户以概率β转变为感染用户，感染用户以概率γ被治愈，成为免疫用户。

根据SEIR模型的传播规则，可以得到该模型的节点状态转移图，如图2-7所示。

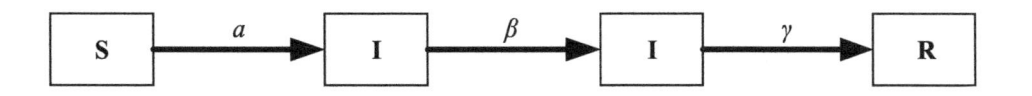

$$S \xrightarrow{\alpha} I \xrightarrow{\beta} I \xrightarrow{\gamma} R$$

图2-7　SEIR模型节点状态转移图

Fig. 2-7　SEIR Model node state transition diagram

令$S(t)$、$E(t)$、$I(t)$、$R(t)$分别表示t时刻社交网络中易感用户、潜伏用户、感染用户和免疫用户占社交网络总用户的比例，SEIR模型传播动力学方程为

$$\begin{cases} \dfrac{\mathrm{d}S(t)}{\mathrm{d}t} = -\alpha S(t)I(t) \\ \dfrac{\mathrm{d}E(t)}{\mathrm{d}t} = \alpha S(t)I(t) - \beta E(t) \\ \dfrac{\mathrm{d}I(t)}{\mathrm{d}t} = \beta E(t) - \gamma I(t) \\ \dfrac{\mathrm{d}R(t)}{\mathrm{d}t} = \gamma I(t) \end{cases} \quad (2\text{-}16)$$

二、在线社交网络传染病动力学模型

信息在社交网络中的传播与传染病传播规律具有相似性，但是二者也有不同点。传染病模型假设人群中每个人与剩余其他人接触的概率相同。然而社交网络中用户连接并非全是全局耦合连接方式，因此应用传染病模型分析网络信息传播要考虑用户度分布的情况。下面主要分析信息在均匀社交网络中的传染病动力学模型。

均匀社交网络度分布范围较小，服从泊松分布，例如小世界网络和随机网络。设均匀社交网络平均度为<k>，我们认为社交网络每个用户都与<k>个用户相连，则SIR模型[30]和SEIR模型的微分方程组分别为

$$\begin{cases} \dfrac{\mathrm{d}S(t)}{\mathrm{d}t} = -\alpha<k>S(t)I(t) \\ \dfrac{\mathrm{d}I(t)}{\mathrm{d}t} = -\beta I(t) + \alpha<k>S(t)I(t) \\ \dfrac{\mathrm{d}R(t)}{\mathrm{d}t} = -\beta I(t) \end{cases} \quad (2\text{-}17)$$

$$\begin{cases} \dfrac{\mathrm{d}S(t)}{\mathrm{d}t} = -\alpha<k>S(t)I(t) \\ \dfrac{\mathrm{d}E(t)}{\mathrm{d}t} = \alpha<k>S(t)I(t) - \beta E(t) \\ \dfrac{\mathrm{d}I(t)}{\mathrm{d}t} = \beta E(t) - \gamma I(t) \\ \dfrac{\mathrm{d}R(t)}{\mathrm{d}t} = \gamma I(t) \end{cases} \quad (2\text{-}18)$$

三、种群动力学模型

微分方程组常常描述事物发展过程的变化规律，既可以研究动态发展过程中的每个瞬时状态特征，也可以研究某种条件下稳定状态的特征。对事物动态发展过程的稳定性与不稳定性进行分析，常常利用微分方程的稳定性理论分析平衡状态的稳定性，而不需要求解微分方程。

当某种环境中只有一种生物生存时，生态学中将生物的群体称为种群，研究者经常用Logistic模型来刻画自然界中一种种群数量的动态演变过程，即

$$\dfrac{\mathrm{d}X(t)}{\mathrm{d}t} = rX(t)\left[\dfrac{X(t)}{N}\right] \quad (2\text{-}19)$$

其中，$\mathrm{d}X(t)/\mathrm{d}t$表示$t$时刻种群的数量，$r$表示种群的固有增长率，$N$表示某

种环境资源容许的种群最大数量。由微分方程可以得到，$x_0=N$是稳定平衡点，即当$t\to\infty$时，则有

$$X(t) \to N \qquad (2\text{-}20)$$

如果一个系统中存在两个或者两个以上种群，那么种群之间就会存在相互竞争，或者是相互合作的关系。本书将从稳定平衡点的角度分别讨论这两种关系。

（一）种群竞争模型

模型假设：

系统中有甲、乙两种群，当两种群独自生存时，数量的演变趋势遵从Logistic规律[203]。

模型建立：

令$X_1(t)$、$X_2(t)$分别是甲、乙种群的数量，r_1、r_2分别是甲、乙种群的固有增长率，N_1、N_2分别是某种环境资源容许的甲、乙种群最大数量。

对甲种群建立微分方程，则有

$$\frac{dX_1(t)}{dt} = r_1 X_1(t)\left[1 - \frac{X_1(t)}{N_1}\right] \qquad (2\text{-}21)$$

其中，因子$(1-X_1/N_1)$表示甲对有限资源的消耗对其自身增长起到的阻滞作用，X_1/N_1表示对N_1而言，单位数量的甲消耗的维持甲生存的资源量。

当甲、乙种群在系统中共存时，研究乙消耗的同种资源对甲产生的影响，可以在因子$(1-X_1/N_1)$中再减去一项，该项和乙种群的数量X_2（对N_2而言）成正向比例关系，进而得到甲、乙种群竞争模型中甲种群的微分方程，即

$$\frac{dX_1(t)}{dt} = r_1 X_1(t)\left[1 - \frac{X_1(t)}{N_1} - \sigma_1\frac{X_2(t)}{N_2}\right] \qquad (2\text{-}22)$$

其中，σ_1表示单位数量乙（对N_2而言）消耗的维持甲的资源数量是单位数量甲（对N_1而言）消耗的维持甲的资源数量的σ_1倍。

类似地,甲种群的存在也影响了乙种群的增长,则有乙种群的微分方程,即

$$\frac{dX_2(t)}{dt} = r_2 X_2(t)\left[1 - \sigma_2 \frac{X_1(t)}{N_1} - \frac{X_2(t)}{N_2}\right] \quad (2\text{-}23)$$

其中,σ_2表示单位数量甲(对N_1而言)消耗的维持乙的资源数量是单位数量乙(对N_2而言)消耗的维持乙的资源数量的σ_2倍。

在两个种群竞争模型中,σ_1、σ_2是两个重要指标。从上面的解释可知,$\sigma_1>1$表示种群乙的消耗多于种群甲,所以对种群甲增长的阻滞作用乙大于甲。对于$\sigma_2>1$,同理可得相应的解释。

稳定性分析:

为了研究种群甲和种群乙相互竞争的结局,即$t\to\infty$时,$X_1(t)$、$X_2(t)$的趋向,没有必要求解方程式(2-22)、式(2-23),只需要对两个微分方程的平衡点进行稳定性分析。

求解方程式(2-22)、式(2-23)联立的微分方程组,即

$$\begin{cases} f(X_1(t), X_2(t)) \equiv r_1 X_1(t)\left[1 - \frac{X_1(t)}{N_1} - \sigma_1 \frac{X_2(t)}{N_2}\right] = 0 \\ g(X_1(t), X_2(t)) \equiv r_2 X_2(t)\left[1 - \sigma_1 \frac{X_1(t)}{N_1} - \frac{X_2(t)}{N_2}\right] = 0 \end{cases} \quad (2\text{-}24)$$

可以得到4个平衡点,即

$$P_1(N_1, 0),\quad P_2(0, N_2),\quad P_3\left(\frac{N_1(1-\sigma_1)}{1-\sigma_1\sigma_2}, \frac{N_2(1-\sigma_2)}{1-\sigma_1\sigma_2}\right),\quad P_4(0, 0)$$

因为只有平衡点位于坐标系的第一象限时,即$X_1, X_2 \geq 0$,才有意义,所以平衡点P_3中要求σ_1和σ_2,要么同时小于1,要么同时大于1。

根据平衡点稳定性的判断方法,则有

$$A = \begin{bmatrix} f_{X_1} & f_{X_2} \\ g_{X_1} & g_{X_2} \end{bmatrix} = \begin{bmatrix} r_1\left[1 - \dfrac{2X_1(t)}{N_1} - \dfrac{\sigma_1 X_2(t)}{N_2}\right] & -\dfrac{r_1\sigma_1 X_1(t)}{N_2} \\ -\dfrac{r_2\sigma_2 X_2(t)}{N_1} & r_2\left[1 - \dfrac{\sigma_2 X_1(t)}{N_1} - \dfrac{2X_2(t)}{N_2}\right] \end{bmatrix} \quad (2\text{-}25)$$

$$P_i = -(f_{X_1} + g_{X_2}) > 0, i = 1,2,3,4 \quad (2\text{-}26)$$

$$q_i = \det A > 0, i = 1,2,3,4 \quad (2\text{-}27)$$

根据式（2-26）和式（2-27）分别判断四个平衡点的稳定条件。对于$P_1(N_1, 0)$而言，有

$$\begin{cases} p = -r_1(1 - \sigma_2) > 0 \\ q = -r_1 r_2(1 - \sigma_2) > 0 \end{cases} \quad (2\text{-}28)$$

得到$P_1(N_1, 0)$稳定条件，即

$$\sigma_1 < 1, \sigma_2 > 1 \quad (2\text{-}29)$$

对于$P_2(0, N_2)$而言，有

$$\begin{cases} p = -r_1(1 - \sigma_2) + r_2 > 0 \\ q = -r_1 r_2(1 - \sigma_2) > 0 \end{cases} \quad (2\text{-}30)$$

得到$P_2(0, N_2)$稳定条件，即

$$\sigma_1 > 1, \sigma_2 < 1 \quad (2\text{-}31)$$

对于$P_3\left(\dfrac{N_1(1-\sigma_1)}{1-\sigma_1\sigma_2}, \dfrac{N_2(1-\sigma_2)}{1-\sigma_1\sigma_2}\right)$而言，有

$$\begin{cases} p = \dfrac{r_1(1-\sigma_1) + r_2(1-\sigma_2)}{1-\sigma_1\sigma_2} > 0 \\ q = \dfrac{r_1 r_2(1-\sigma_1)(1-\sigma_2)}{1-\sigma_1\sigma_2} > 0 \end{cases} \quad (2\text{-}32)$$

得到$P_3\left(\dfrac{N_1(1-\sigma_1)}{1-\sigma_1\sigma_2}, \dfrac{N_2(1-\sigma_2)}{1-\sigma_1\sigma_2}\right)$稳定条件，即

$$\sigma_1 > 1, \sigma_2 < 1 \tag{2-33}$$

对于 $P_4(0,0)$ 而言，有

$$\begin{cases} p = -(r_1 + r_2) > 0 \\ q = r_1 r_2 > 0 \end{cases} \tag{2-34}$$

得到 $P_4(0,0)$ 稳定条件：不存在。

（二）种群合作模型

同一系统中的两个种群相互依存就会形成共生的现象[205]。

模型假设：

假设甲种群可以单独生存，甲种群数量按照Logistic规律增长，乙种群给甲种群提供食物，促进甲种群数量的增长。

模型建立：

令 $X_1(t)$、$X_2(t)$ 分别是甲、乙种群的数量，r_1、r_2 分别是甲、乙种群的固有增长率，N_1、N_2 分别是某种环境资源容许的甲、乙种群最大数量。

甲、乙种群竞争模型中甲种群的微分方程：

$$\frac{\mathrm{d}X_1(t)}{\mathrm{d}t} = r_1 X_1(t) \left[1 - \frac{X_1(t)}{N_1} + \sigma_1 \frac{X_2(t)}{N_2} \right] \tag{2-35}$$

其中，σ_1 前面的减号这里变成加号，表示乙种群不是消耗甲种群的资源数量，而是为其提供食物。σ_1 表示单位数量乙种群（对 N_2 而言）提供的供养甲种群的食物量为单位数量甲种群（对 N_1 而言）消耗的供养甲种群食物量的 σ_1 倍。

乙种群没有甲种群的存在会灭亡，设其死亡率为 r_2，则乙种群单独存在时，有

$$\frac{\mathrm{d}X_2(t)}{\mathrm{d}t} = -r_2 X_2(t) \tag{2-36}$$

甲种群为乙种群提供食物，式（2-36）右端加上甲种群对乙种群的促进作用，则有

$$\frac{\mathrm{d}X_2(t)}{\mathrm{d}t} = r_2 X_2(t)\left[-1 + \sigma_2 \frac{X_1(t)}{N_1}\right] \tag{2-37}$$

与此同时，乙种群的增长又会受到自身增长的阻滞作用，所以，式（2-37）右端需要添加Logistic项，乙种群的微分方程变为

$$\frac{\mathrm{d}X_2(t)}{\mathrm{d}t} = r_2 X_2(t)\left[-1 + \sigma_2 \frac{X_1(t)}{N_1} - \frac{X_2(t)}{N_2}\right] \tag{2-38}$$

稳定性分析：

要想研究甲种群和乙种群相互合作的结局，即 $t\to\infty$ 时，$X_1(t)$、$X_2(t)$ 的趋向，没有必要求解方程式（2-35）、式（2-38），只需要对两个微分方程的平衡点进行稳定性分析。

求解方程式（2-35）、式（2-38）联立的微分方程组，即

$$\begin{cases} f(X_1(t), X_2(t)) \equiv r_1 X_1(t)\left[1 - \frac{X_1(t)}{N_1} + \sigma_1 \frac{X_2(t)}{N_2}\right] = 0 \\ g(X_1(t), X_2(t)) \equiv r_2 X_2(t)\left[-1 + \sigma_2 \frac{X_1(t)}{N_1} - \frac{X_2(t)}{N_2}\right] = 0 \end{cases} \tag{2-39}$$

可以得到三个平衡点，即

$$P_1(N_1, 0), \quad P_2\left(\frac{N_1(1-\sigma_1)}{1-\sigma_1\sigma_2}, \frac{N_2(\sigma_2-1)}{1-\sigma_1\sigma_2}\right), \quad P_3(0,0)$$

根据平衡点稳定性的判断方法，对于 $P_1(N_1, 0)$ 而言，有

$$\begin{cases} p = r_1 - r_2(\sigma_2 - 1) > 0 \\ q = -r_1 r_2(\sigma_2 - 1) > 0 \end{cases} \tag{2-40}$$

得到 $P_1(N_1, 0)$ 稳定条件，即

$$\sigma_1\sigma_2 < 1, \sigma_2 < 1 \tag{2-41}$$

对于 $P_2\left(\frac{N_1(1-\sigma_1)}{1-\sigma_1\sigma_2}, \frac{N_2(\sigma_2-1)}{1-\sigma_1\sigma_2}\right)$ 而言，有

$$\begin{cases} p = \dfrac{r_1(1-\sigma_1) + r_2(\sigma_2 - 1)}{1 - \sigma_1 \sigma_2} > 0 \\ q = \dfrac{r_1 r_2 (1-\sigma_1)(\sigma_2 - 1)}{1 - \sigma_1 \sigma_2} > 0 \end{cases} \quad (2\text{-}42)$$

得到 $P_2\left(\dfrac{N_1(1-\sigma_1)}{1-\sigma_1\sigma_2}, \dfrac{N_2(\sigma_2-1)}{1-\sigma_1\sigma_2}\right)$ 稳定条件，即

$$\sigma_1\sigma_2 < 1, \sigma_2 > 1, \sigma_1 < 1 \quad (2\text{-}43)$$

对于 $P_3(0,0)$ 而言，有

$$\begin{cases} p = -r_1 + r_2 > 0 \\ q = -r_1 r_2 > 0 \end{cases} \quad (2\text{-}44)$$

得到 $P_3(0,0)$ 稳定条件是：不存在。

通过上述分析，可以看出 P_2 点稳定表明两种群在同一环境中相互依存而共生，P_1 点稳定表明乙种群灭绝，没有种群共存。

第四节　本章小结

本章主要给出了在线社交网络及传播动力学理论。首先，分析了在线社交网络基本结构参量，包括度、平均路径长度以及聚类系数等；其次，研究了在线社交网络基本网络模型，包括在线社交网络规则网络模型、在线社交网络ER随机网络模型、在线社交网络小世界网络模型以及在线社交网络无标度网络模型等；最后，分析了在线社交网络传播动力学模型，包括传染病动力学模型（包括SIR模型和SEIR模型）、在线社交网络传染病动力学模型和种群动力学模型（包括种群竞争模型和种群合作模型）。

第三章 融入自净化机制的在线社交网络单信息传播建模

本章以在线社交网络单信息传播过程为研究对象,这为后续章节中研究在线社交网络双信息传播过程奠定了基础。传染病动力学理论比较有代表性的模型有 SI 模型、SIR 模型、SEIR 模型等,将用户状态分为用户易感染状态（S）、用户感染状态（I）、用户潜伏状态（E）、用户免疫状态（R）。利用复杂网络的规则网络模型、ER 随机网络模型、小世界网络模型、无标度网络模型等理论研究成果,分析在线社交网络信息传播现象和内在机理。

本章引入自净化机制对 SEIR 模型进行拓展,构建谣言自净化的在线社交网络单信息传播动力学模型,并求解谣言传播阈值。然后利用 Matlab 软件分析谣言信息在均匀社交网络中的自净化机理。其中,自净化机制是指谣言在网络中的传播过程中,个体发布互补、纠错、质疑、反驳、真实等信息,谣言逐渐消失,实现自净化的过程。净化者是指发布互补、纠错、质疑、反驳、真实等信息的网络用户。

第一节 在线社交网络谣言单信息传播自净化问题提出

随着网络信息技术的快速发展,以 Facebook、微博和微信等为代表的社会网络服务成为人们日常联系的重要平台,社交网络平台具有的自由发表言论、与好友互动、隐藏真名等功能为谣言的快速传播创造了条件。此外,谣言能否传播取决于谣言强度和人们的认知能力，人们的认知能力与个体的家庭背景、教育程度[41]等有关。现实中，人们对很多谣言缺乏足够的认识和辨别能力，很容易在"宁可信其有，不可信其无"的潜意识[206]影响下传播谣言。同时，用户在网络上传播谣言不需要承担任何责任，这使得谣言传播往往以更快的速度扩散到更广的范围，不仅给人们的日常生活带来干扰，严重时还会影响国家安全和社会稳定。因此，研究网络谣言单信息传播现象，分析谣言单信息传播规律具有重要的实际意义和理论意义。

目前，控制谣言传播的途径主要包括传播真实信息和减少谣言传播两种方法，但这两种方法在应用过程中，都存在实施成本较大、真实信息难以快速准确传达、虚假信息被误以为是真实信息、政府或者媒体采取干预措施往往滞后造成谣言大范围传播等问题。然而，这些研究忽略了谣言可以自己消失的特点，即谣言自净化机制。谣言自净化机制[129,207]，即当政府或者媒体没有及时公布真实信息时，在线社交网络用户会自发产生大量关于谣言的相关信息，其中包括谣言的互补、质疑、纠错等内容，一定程度上会有效抑制谣言的传播。目前已有研究成果表明在线社交网络谣言自净化机制可以实现谣言自净化[119,129]，但这些研究成果仅仅研究了潜在净化者转化为谣言净化者对谣言传播过程的影响。事实上，未知者接触谣言传播者后，由于每个人的生活环境、教育背景以及性格特点等方面的差异，用户暂时处于犹豫状态，往往需要经过一段时间的考虑，然后才会作出传播与否以及传播谣言还是驳斥谣言的决定，转变为潜伏者后，潜伏者会转化成谣言传播者和谣言净化者两类人群。同时，以往研究中对于未知者接触谣言传播者后，同时转变为谣言传播者、免疫者、潜伏者和净化者的现象少有研究；净化者未包含真实信息群体。

根据上述分析，本章将自净化机制纳入在线社交网络单信息传播模型，并对谣言自净化机制作出定义，即谣言在网络传播过程中，个体发布互补、纠错、质疑、反驳、真实等信息，谣言逐渐消失，实现自净化。借鉴经典的SEIR模型，通过分析自净化机制对在线社会网络单信息传播的影响，构建$SEIR_1R_2$在线社交网络单信息传播动力学模型，进而研究自净化机制影响下在线社交网络单信息传播规律。

第二节 在线社交网络单信息传播动力机制分析

在线社交网络单信息传播主要研究谣言信息在社交网络中的传播规律,将在线社交网络单信息传播用户状态分为五类,研究五类网络用户在自净化机制影响下的发展趋势和相互转化规则,为在线社交网络单信息传播模型的建立奠定基础。

一、在线社交网络单信息传播用户状态

借助图论中无向网络的理论成果,用$G=(V, E)$表示在线社交网络,其中V代表无向网络的顶点集合,这里表示在线社交网络用户的集合,$|V|$表示在线社交网络中用户总数;E代表无向网络的连边集合,这里表示在线社交网络用户之间关系的集合,$|E|$表示在线社交网络中用户之间存在相互关系的总数。为了便于研究,假设在线社交网络中用户总数不变,总数量为N,即$|V|=N$,根据传染病动力学理论可知,每个在线社交网络用户在每个时刻会成为未知者(S)、潜伏者(E)、谣言传播者(I)、免疫者(R_1)、谣言净化者(R_2)五种用户人群中的一种。为了表示方便,分别用S、E、I、R_1、R_2表示五种用户人群。其中,未知者S表示网络用户从未听到过谣言信息,对其一点也不了解;潜伏者E表示网络用户听过谣言信息,有传播意愿但不确定谣言信息真假的未知者转变为潜伏者;传播者I表示网络用户听到谣言并有传播意愿进行传播的用户;免疫者R_1表示网络用户听到谣言信息但不相信谣言信息或对其不感兴趣,不传播谣言信息的用户;净化者R_2表示网络用户听到谣言并有传播意愿和辨别力的用户。上述五种人群中,只有传播者人群会传播谣言信息。

二、在线社交网络单信息传播动力机制

在线社交网络单信息传播用户人群用S、E、I、R_1、R_2分别表示未知者人群、潜伏者人群、传播者人群、免疫者人群、净化者人群。在线社交网络单信

息传播规则可定义如下：

（1）未知者S与谣言传播者I接触，未知者S以概率β转变为免疫者R_1，由未知者S转变为免疫者R_1；以概率α转变为谣言传播者I，由未知者S转变为谣言传播者I；以概率δ转变为潜伏者E，由未知者S转变为潜伏者E；以概率λ转变为谣言净化者R_2，由未知者S转变为谣言净化者R_2，λ表示未知者对谣言信息的识别能力，即识别概率。SI传播规则如图3-1所示，其中$\beta+\alpha+\delta+\lambda=1$。

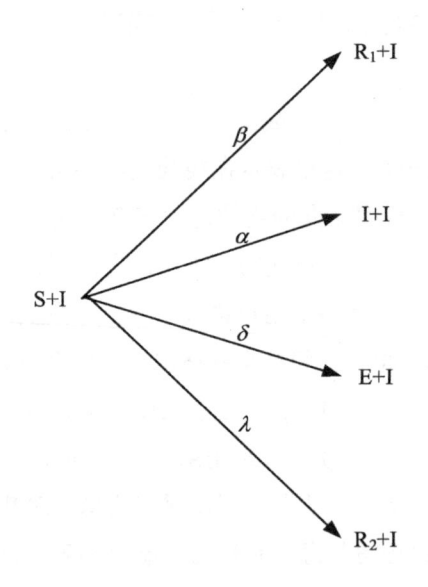

图3-1　SI传播规则

Fig.3-1　Propagation rules of SI

（2）潜伏者E有纠正意愿的用户，以概率ω转变为谣言净化者R_2，由潜伏者E转变为谣言净化者R_2，ω表示潜伏者的纠正意愿，即纠正概率；以概率$1-\omega$转变为谣言传播者I，由潜伏者E转变为谣言传播者I，如图3-2所示。

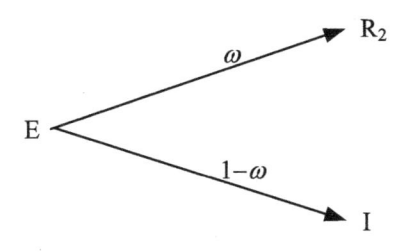

$$E \xrightarrow{\omega} R_2$$
$$E \xrightarrow{1-\omega} I$$

图3-2　E传播规则

Fig.3-2　Propagation rules of E

（3）谣言传播者I与免疫者R_1接触，以概率γ转变为谣言免疫者R_1，由谣言传播者I转变为谣言免疫者R_1，γ表示谣言免疫者的影响力，如图3-3所示。

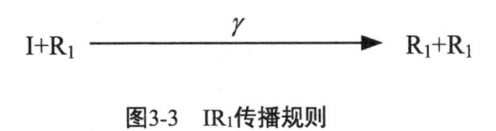

$$I+R_1 \xrightarrow{\gamma} R_1+R_1$$

图3-3　IR_1传播规则

Fig.3-3　Propagation rules of IR_1

（4）谣言传播者I受遗忘机制的影响，以概率ε转变为免疫者R_1，由谣言传播者I转变为谣言免疫者R_1，如图3-4所示。

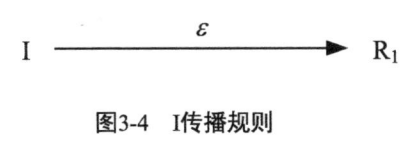

$$I \xrightarrow{\varepsilon} R_1$$

图3-4　I传播规则

Fig.3-4　Propagation rules of I

（5）谣言传播者I与谣言净化者R_2接触，以概率θ转变为谣言净化者R_2，由谣言传播者I转变为谣言净化者R_2，θ表示谣言净化者的影响力，即影响力概率，如图3-5所示。

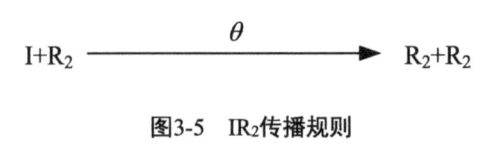

$$I+R_2 \xrightarrow{\theta} R_2+R_2$$

图3-5 IR$_2$传播规则

Fig.3-5　Propagation rules of IR$_2$

（6）谣言传播者I经过思考判断后，以概率η转变为谣言净化者R$_2$，由谣言传播者I转变为谣言净化者R$_2$，η表示谣言传播者的辩证分析能力，即辨析概率，如图3-6所示。

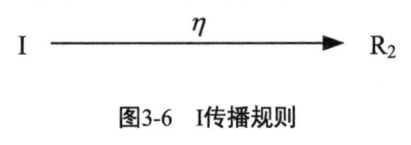

$$I \xrightarrow{\eta} R_2$$

图3-6 I传播规则

Fig.3-6　Propagation rules of I

根据上述分析，在线社交网络单信息传播规则可用图3-7表示。

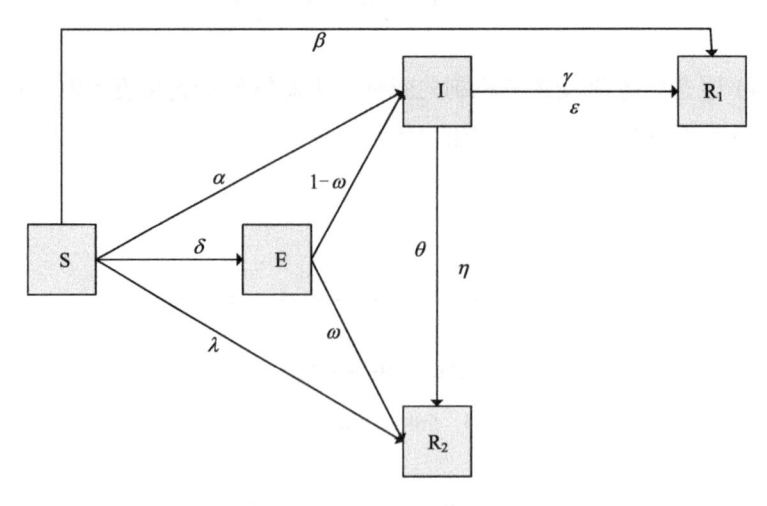

图3-7 SEIR$_1$R$_2$模型传播规则

Fig.3-7　Propagation rules of SEIR$_1$R$_2$ model

第三节 在线社交网络单信息传播建模以及模型分析

根据上述文献综述研究成果可知,均匀网络(随机网络、小世界网络)或者非均匀网络(无标度网络)都可以作为在线社交网络信息传播规律研究的网络模型,为了简化模型求解与分析的复杂程度,更好地说明在线社交网络谣言单信息传播的自净化机制问题,本章构建基于均匀网络的$SEIR_1R_2$谣言单信息传播模型,并对模型进行分析,进而求解谣言传播阈值。

一、在线社交网络单信息传播建模

由度可知,在线社交网络用户的平均度$<k>$表示网络中所有用户总度数的平均值。在均匀网络中,假设每个用户度数k等于在线社交网络的平均度数,即$k=<k>$。分别用$S(t)$、$E(t)$、$I(t)$、$R_1(t)$、$R_2(t)$表示t时刻未知者人群S、潜伏者人群E、谣言传播者人群I、免疫者人群R_1、谣言净化者人群R_2的用户密度,同时满足$S(t)+E(t)+I(t)+R_1(t)+R_2(t)=1$。根据上述在线社交网络谣言单信息传播规则,建立均匀网络$SEIR_1R_2$谣言单信息传播模型。

$$\frac{dS(t)}{dt} = -<k>S(t)I(t) \tag{3-1}$$

$$\frac{dE(t)}{dt} = \delta<k>S(t)I(t) - E(t) \tag{3-2}$$

$$\frac{dI(t)}{dt} = \alpha<k>S(t)I(t) + (1-\omega)E(t) - \gamma<k>I(t)R_1(t) - \varepsilon I(t) - \theta<k>I(t)R_2(t) - \eta I(t) \tag{3-3}$$

$$\frac{dR_1(t)}{dt} = \beta<k>S(t)I(t) + \varepsilon I(t) + \gamma<k>I(t)R_1(t) \tag{3-4}$$

$$\frac{dR_2(t)}{dt} = \eta I(t) + \theta <k> I(t) R_2(t) + \omega E(t) + \lambda <k> S(t) I(t) \qquad (3\text{-}5)$$

二、在线社交网络单信息传播模型分析

假设谣言单信息在均匀网络中传播，刚开始谣言单信息在在线社交网络传播时，较少人知道谣言信息，假设初始时刻社交网络中只有一个用户是传播谣言者，人群总数是N，则未知者人群数量是$N-1$，当社交网络中存在大量用户时，$N-1 \approx N(N \to \infty)$，潜伏者人群数量、免疫者人群数量、净化者人群数量都为零，即当$t=0$时，$S(0) \approx 1$，$E(0)=0$，$R_1(0)=0$，$R_2(0)=0$；当时间趋于无穷大时，系统达到稳定状态，此时，未知者人群数量减小到最小数值，用S^∞表示，即$S(\infty)=S^\infty$；潜伏者人群数量减小到零，即$E(\infty)=0$；谣言传播者人群数量减小到零，即$I(\infty)=0$；净化者人群数量增加到最大值，用R_2^∞表示，即$R_2(\infty)=R_2^\infty$；免疫者人群数量增加到R_1^∞，即$R_1(\infty)=R_1^\infty$，且满足$S^\infty+R_1^\infty+R_2^\infty=1$。

令方程式（3-1）～（3-5）等式右端均等于零，且令式（3-4）除以式（3-1），得

$$\frac{dR_1(t)}{dS(t)} = \frac{\beta<k>S(t)I(t)+\gamma<k>I(t)R_1(t)+\varepsilon I(t)}{-<k>S(t)I(t)} = -\beta - \frac{\gamma<k>R_1(t)+\varepsilon}{<k>S(t)}$$

（3-6）

令 $R_1(t) = y$，$S(t) = x$，则

$$\frac{dy}{dx} = -\beta - \frac{\gamma<k>y+\varepsilon}{<k>x} \qquad (3\text{-}7)$$

令 $z = \dfrac{\gamma<k>y+\varepsilon}{<k>x}$，则

$$<k>xz = \gamma<k>y = \varepsilon \tag{3-8}$$

两边对 x 求导，得

$$<k>z + <k>x\frac{dz}{dx} = \gamma<k>\frac{dy}{dx}$$

$$\frac{dy}{dx} = \frac{1}{\gamma}\frac{zdx + xdz}{dx}$$

$$\frac{dy}{dx} = -\beta - z = \frac{1}{\gamma}\frac{zdx + xdz}{dx} \tag{3-9}$$

$$\frac{dx}{x} = -\frac{1}{\gamma+1}\frac{d(z\gamma + z + \beta\gamma)}{z\gamma + z + \beta\gamma} \tag{3-10}$$

$$\ln C_1 x = -\frac{1}{\gamma+1}\ln(z\gamma + z + \beta\gamma)$$

$$C_2 x^{-(\gamma+1)} = z\gamma + z + \beta\gamma$$

$$R_1(t) = \frac{C_2 S(t)^{-\gamma} - \beta\gamma S(t)}{\gamma(\gamma+1)} - \frac{\varepsilon}{\gamma<k>} \tag{3-11}$$

在 $t = 0$ 时，$S(0) \approx 1$，$R_1(0) = 0$。

将 $S(0) \approx 1$，$R_1(0) = 0$ 代入式（3-11），得

$$0 = \frac{C_2 - \beta\gamma}{\gamma(\gamma+1)} - \frac{\varepsilon}{\gamma<k>}$$

$$C_2 = \frac{\varepsilon(\gamma+1)}{<k>} + \beta\gamma > 0 \tag{3-12}$$

根据以上微分方程组，令式（3-5）除以式（3-1），得

$$\frac{dR_2(t)}{dS(t)} = \frac{\theta<k>I(t)R_2(t)+\lambda<k>S(t)I(t)+\omega E(t)+\eta I(t)}{-<k>S(t)I(t)}$$

$$\frac{dR_2(t)}{dS(t)} = -\delta\omega - \frac{\eta+\theta<k>R_2(t)+\lambda<k>S(t)}{<k>S(t)} \quad (3\text{-}13)$$

令 $R_2(t)=u$，则

$$\frac{du}{dx} = -\delta\omega - \frac{\eta+\theta<k>u+\lambda<k>x}{<k>x} \quad (3\text{-}14)$$

令 $m = \dfrac{\eta+\theta<k>R_2(t)+\lambda<k>S(t)}{<k>S(t)}$，则

$$m<k>x = \eta + \theta<k>u + \lambda<k>x \quad (3\text{-}15)$$

两边对 x 求导，得

$$\frac{dm}{dx}<k>x + m<k> = \theta<k>\frac{du}{dx} + \lambda<k>$$

整理化简，得

$$du = \frac{1}{\theta}[(m-\lambda)dx + xdm]$$

$$\frac{du}{dx} = -\delta\omega - m = \frac{1}{\theta}\frac{(m-\lambda)dx+xdm}{dx}$$

$$-\delta\omega - m = \frac{1}{\theta}\frac{(m-\lambda)dx+xdm}{dx}$$

$$\frac{dx}{x} = -\frac{d(m\theta+m+\delta\omega\theta-\lambda)}{(\theta+1)(m\theta+m+\delta\omega\theta-\lambda)} \quad (3\text{-}16)$$

两边积分，得

$$\ln C_3 x = -\frac{1}{\theta+1}\ln(m\theta + m + \delta\omega\theta - \lambda)$$

$$C_4 x^{-(1+\theta)} = m\theta + m + \delta\omega\theta - \lambda$$

$$C_4 S(t)^{-(1+\theta)} = \frac{\eta + \theta <k> R_2(t) + \lambda <K> S(t)}{<k> S(t)}(\theta+1) + \delta\omega\theta - \lambda$$

整理化简，得

$$R_2(t) = \frac{C_4 S(t)^{-\theta} - \delta\omega\theta S(t) - \lambda\theta S(t)}{\theta(\theta+1)} - \frac{\eta}{<k>\theta} \tag{3-17}$$

在 $t=0$ 时，$S(0) \approx 1$，$R_2(0) = 0$。

将 $S(0) \approx 1$，$R_2(0) = 0$ 代入式（3-17），得

$$0 = \frac{C_4 - \delta\omega\theta - \lambda\theta}{\theta(\theta+1)} - \frac{\eta}{\theta <K>}$$

$$C_4 = \frac{(\theta+1)\eta}{<K>} + \lambda\theta + \delta\omega\theta > 0 \tag{3-18}$$

令 $R = R_1^\infty + R_2^\infty$，则

$$R = \frac{C_2(1-R)^{-\gamma} - \beta\gamma(1-R)}{\gamma(\gamma+1)} - \frac{\varepsilon}{<k>\gamma} + \frac{C_4(1-R)^{-\theta} - \delta\omega\theta(1-R) - \lambda\theta(1-R)}{\theta(\theta+1)} - \frac{\eta}{<k>\theta}$$

构造函数

$$f(R) = R - \frac{C_2(1-R)^{-\gamma} - \beta\gamma(1-R)}{\gamma(\gamma+1)} + \frac{\varepsilon}{<k>\gamma} - \frac{C_4(1-R)^{-\theta} - \delta\omega\theta(1-R) - \lambda\theta(1-R)}{\theta(\theta+1)} + \frac{\eta}{<k>\theta}$$

$$\tag{3-19}$$

求 $f(R)$ 的一阶导数

$$f'(R) = 1 - \frac{C_2(1-R)^{-\gamma-1} + \beta}{\gamma+1} - \frac{C_4(1-R)^{-\theta-1} + \delta\omega + \lambda}{\theta+1} \tag{3-20}$$

求 $f(R)$ 的二阶导数

$$f''(R) = -C_2(1-R)^{-\gamma-2} - C_4(1-R)^{-\theta-2} < 0 \qquad (3-21)$$

$f(R)$ 在区间 [0,1] 上是一个凸函数，则

$$f(0) = 0 - \frac{C_2 - \beta\gamma}{\gamma(\gamma+1)} + \frac{\varepsilon}{\gamma<k>} - \frac{C_2 - \delta\omega\theta - \lambda\theta}{\theta(\theta+1)} + \frac{\eta}{\theta<k>} \qquad (3-22)$$

将式（3-12）、（3-18）代入式（3-22），整理得

$$f(0) = 0 \qquad (3-23)$$

$$f'(0) = 1 - \frac{C_2 + \beta}{\gamma+1} - \frac{C_4 + \delta\omega + \lambda}{\theta+1} \qquad (3-24)$$

将式（3-12）、（3-18）代入式（3-24），整理得

$$f'(0) = 1 - \frac{\varepsilon}{<k>} - \beta - \frac{\eta}{<k>} - \lambda - \delta\omega \qquad (3-25)$$

$$\lim_{R \to 1^-} f(R) = R + \frac{\varepsilon}{\gamma<k>} + \frac{\eta}{\theta<k>} - \lim_{R \to 1^-} \frac{C_2(1-R)^{-\gamma} - \beta\gamma(1-R)}{\gamma(\gamma+1)} - \lim_{R \to 1^-} \frac{C_4(1-R)^{-\theta} - \delta\omega\theta(1-R) - \lambda\theta(1-R)}{\theta(\theta+1)}$$

$$\lim_{R \to 1^-} f(R) = 1 + \frac{\varepsilon}{\gamma<k>} + \frac{\eta}{\theta<k>} - \infty - \infty < 0 \qquad (3-26)$$

所以，当 $f'(0) > 0$ 时，函数 $f(R)$ 在区间 [0,1] 上存在一个非零解，即

$$f'(0) = 1 - \frac{\varepsilon}{<k>} - \beta - \frac{\eta}{<k>} - \lambda - \delta\omega > 0 \qquad (3-27)$$

整理得

$$\alpha + \delta - \delta\omega > \frac{\varepsilon + \eta}{<k>} \qquad (3-28)$$

通过以上分析可知，当 $\alpha + \delta - \delta\omega > \varepsilon + \eta / <k>$ 时，函数 $f(R)$ 在区间 [0,1] 上存在一个非零解 R^* 使得 $f(R^*)=0$，即 $\varepsilon + \eta / <k>$ 为自净化机制影响下的谣言

传播模型阈值。根据传播动力学理论,传播阈值越大越有利于控制网络信息的传播。所以增大传播阈值,可以有效控制谣言在网络中大规模传播,即增大传播者遗忘率ε和传播者思考判断力η,减少在线社交网络的平均度$<k>$。

第四节 在线社交网络单信息传播模型仿真分析

利用Matlab软件,采用数值仿真的方法,首先对上述理论结果进行分析验证,然后模拟自净化机制对谣言单信息传播的影响。刚开始谣言单信息在在线社交网络传播时,较少人知道谣言信息。假设初始时刻社交网络中只有一个用户是传播谣言者,人群总数是$N=1000$,则未知者人群数量是$N=1000-1$,则初始时刻五类用户人群的初始密度如下:$S(0)=(1000-1)/1000$,$E(0)=0$,$I(0)=1/1000$,$R_1(0)=0$,$R_2(0)=0$,本节中所有仿真图的横坐标t表示时间,模型参数的设置主要考虑参数的多样性进行设置。

一、谣言单信息传播用户节点演化趋势分析

自净化机制影响下均匀网络中$SEIR_1R_2$模型的五种类型节点的趋势如图3-8所示。

谣言单信息传播系统参数设置如下:$\beta=0.1$,$\alpha=0.4$,$\delta=0.2$,$\lambda=0.3$,$\theta=0.3$,$\eta=0.6$,$\gamma=0.2$,$\varepsilon=0.6$,$<k>=6$,$\omega=0.4$。根据式(3-28) $\alpha+\delta-\delta\omega>\varepsilon+\eta/<k>$可知,当$<k>=6$时,$(\varepsilon+\eta/<k>)_{max}<0.4$,即$\alpha\geq0.4$能满足谣言单信息大范围传播。从图3-8中可以看出,在谣言传播过程中,未知者人群的密度一直下降达到系统稳定状态后不再变化,而谣言净化者人群密度和免疫者人群密度则恰恰相反,一直上升达到系统稳定状态后不再变化。传播者人群密度和潜伏者人群密度变化趋势相似,均先增大,达到最大值后开始减小直至消失为零。当在线社交网络谣言单信息传播系统达到平衡状态时,社交网络中仅存在未知者人群、免疫者人群和谣言净化者人群。仿真谣言单信息传播结果表明,在系统参数设置满足一定条件的情况下,在线社交网络谣言单信息传播可以实现自净化。

此外，从图3-8中还可以发现，谣言净化者人群最终密度大于谣言免疫者人群最终密度，这主要是因为谣言免疫者人群仅包含未知者人群和谣言传播者人群部分用户，谣言净化者人群除了包含未知者人群和谣言传播者人群部分用户外，还包含现实中大量潜伏者人群；谣言传播者人群顶点值大于潜伏者人群顶点值，这主要是因为社交网络用户接触谣言传播者后，大部分用户在从众心理的影响下选择传播谣言单信息，成为谣言单信息传播者，而少部分未知者人群在观望心理和思考作用下选择沉默，成为潜伏者用户人群；在用户识别能力、纠正意愿和辩证分析能力都很高时，即 λ、ω、η 取较大数值时，通过对比谣言传播者人群和谣言净化者人群的密度曲线可知，谣言净化者人群数量很快就超过了谣言传播者人群的数量。这些结果与式（3-1）～（3-5）传播动力学分析的结果一致。

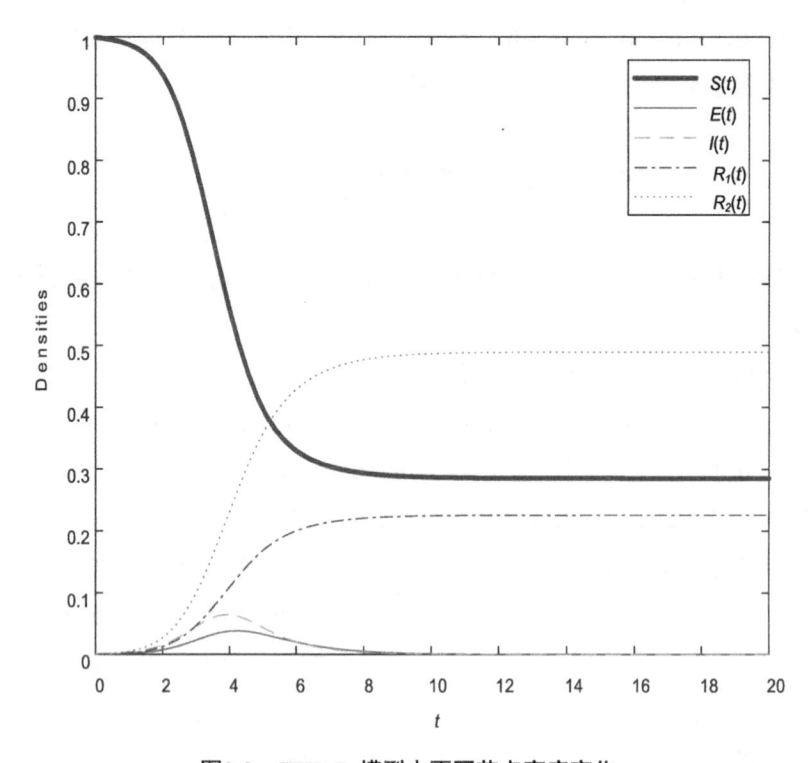

图3-8　SEIR$_1$R$_2$模型中不同节点密度变化

Fig. 3-8　Densities of different groups in SEIR$_1$R$_2$ model

二、识别概率对谣言传播者和谣言净化者的影响

在线社交网络用户人群由未知者状态S转变为谣言净化者状态R_2的识别概率是刻画在线社交网络中谣言单信息传播自净化机制的重要参数。如图3-9所示，分析了在线社交网络谣言单信息传播模型中未知者、谣言传播者、谣言免疫者和谣言净化者人群密度曲线随识别概率λ的变化情况。这里系统参数$\beta=0.1$，$\delta=0.2$，$\theta=0.3$，$\eta=0.6$，$\gamma=0.2$，$\varepsilon=0.6$，$<k>=6$，$\omega=0.4$不变，假设当未知者人群接触谣言传播者人群时，未知者转变为潜伏者和免疫者的概率不发生变化，识别概率的变化只影响传播概率的大小，图中曲线分别表示当其他参数固定不变时，传播概率和识别概率依次是$\alpha=0.4$，$\lambda=0.3$；$\alpha=0.5$，$\lambda=0.2$；$\alpha=0.6$，$\lambda=0.1$时，未知者、谣言传播者、谣言免疫者和谣言净化者密度的变化情况。

从图3-9可以看出，随着识别概率的减小和传播概率的增大，未知者S达到稳定状态所用时间逐渐缩短，且未知者S密度的最小值逐渐减小；谣言传播者I密度的峰值出现的系统时间越早，峰值越大；谣言免疫者R_1密度达到稳定状态所用时间逐渐缩短，且谣言免疫者R_1密度的最大值逐渐增大；净化者R_2密度达到稳定状态所用时间逐渐缩短，且净化者R_2密度的最大值先增大后减小。

图3-9的结果表明，在线社交网络用户识别谣言信息能力越弱和从众传播谣言信息的意愿越强烈，谣言传播者在更短的时间内感染更多的未知者成为传播者；谣言单信息传播系统达到稳定状态时，未知者最终被感染的数量越多，谣言免疫者最终数量越多，谣言净化者最终数量先变大后变小。

a) 未知者密度

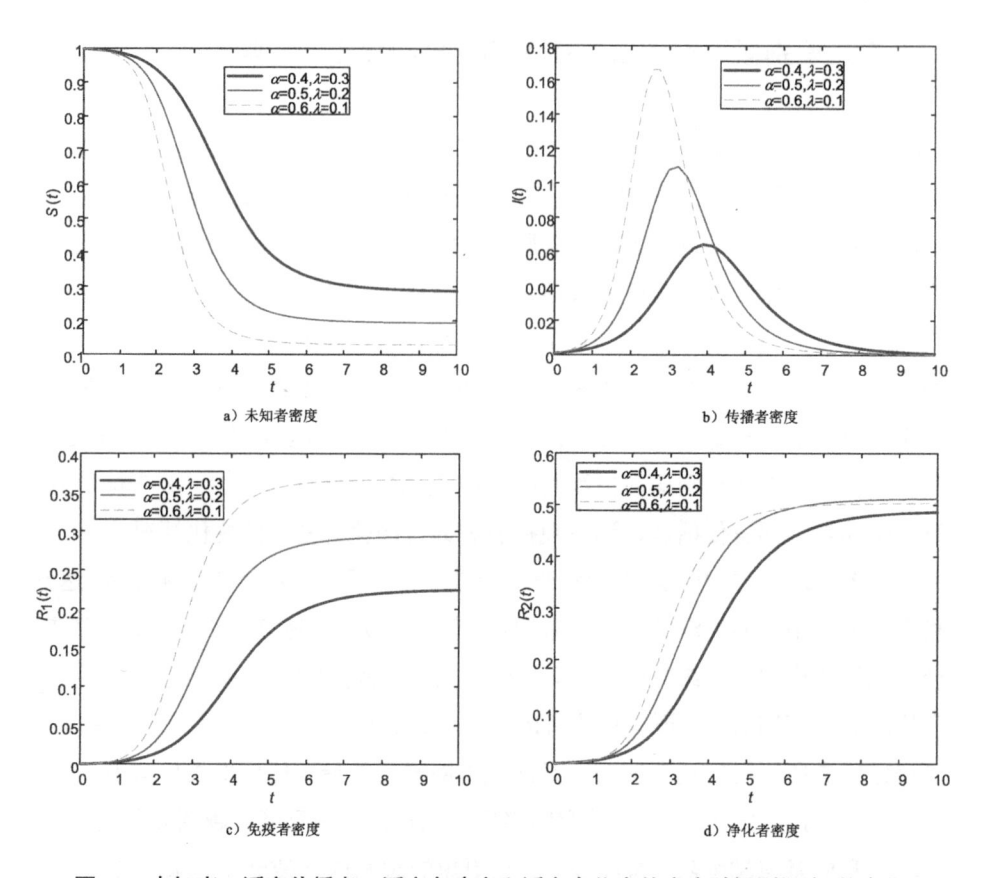

b) 传播者密度

c) 免疫者密度

d) 净化者密度

图3-9 未知者、谣言传播者、谣言免疫者和谣言净化者的密度随识别概率λ的变化

Fig. 3-9 Density of unknowns, rumor transmitters, rumor immunizers and rumor purifiers over time with different recognition rate λ

三、纠正概率对谣言传播者和谣言净化者的影响

在线社交网络谣言单信息传播模型中未知者、谣言传播者、谣言免疫者和谣言净化者人群密度曲线随纠正概率ω的变化情况如图3-10所示。

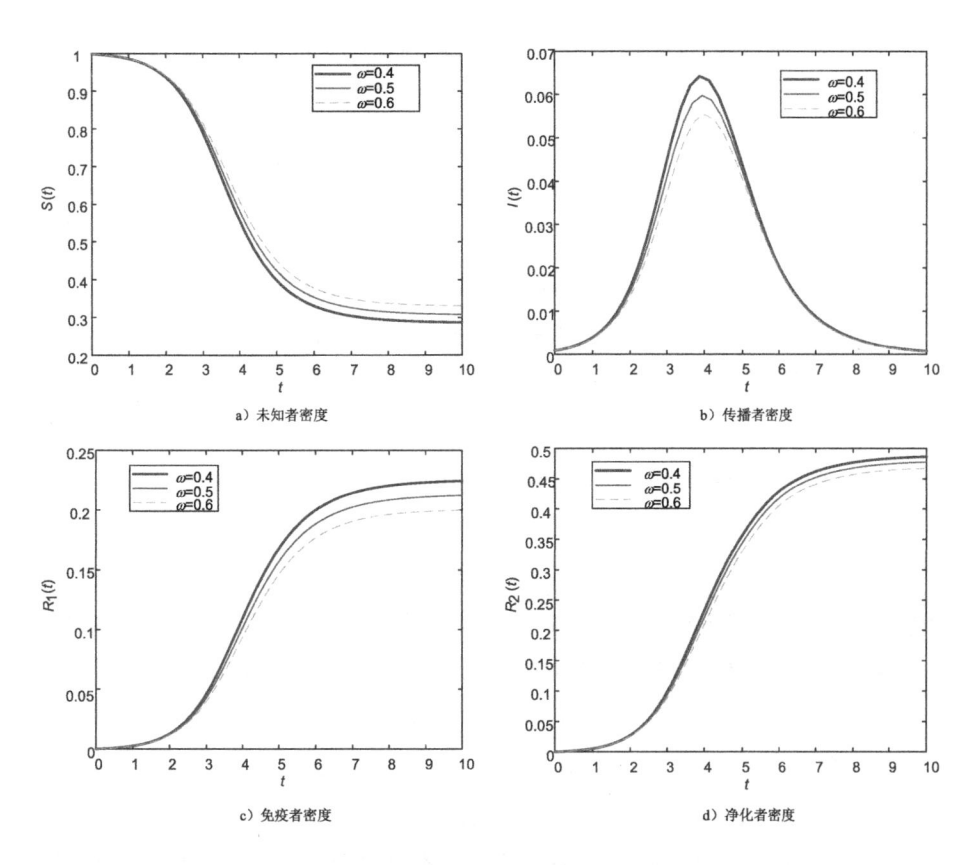

图 3-10 未知者、谣言传播者、谣言免疫者和谣言净化者的密度随纠正概率ω的变化

Fig. 3-10 Density of unknowns, rumor transmitters, rumor immunizers and rumor purifiers over time with different correct rate ω

在线社交网络用户人群由潜伏者状态E转变为谣言净化者状态R_2的纠正概率是刻画在线社交网络中谣言单信息传播自净化机制的重要参数。这里系统参数$\beta=0.1$，$\alpha=0.4$，$\delta=0.2$，$\lambda=0.3$，$\theta=0.3$，$\eta=0.6$，$\gamma=0.2$，$\varepsilon=0.6$，$<k>=6$不变，当潜伏者人群有纠正意愿的时候，潜伏者转变为谣言净化者，图中曲线分别表示当其他参数固定不变时，纠正概率依次是$\omega=0.4$、$\omega=0.5$、$\omega=0.6$时，未知者、谣言传播者、谣言免疫者和谣言净化者人群密度的变化情况。

从图3-10可以发现，随着纠正概率的增大，未知者S达到稳定状态所用时间基本相同，而未知者S密度的最小值却逐渐减小；谣言传播者I密度的峰值出现的系统时间越晚，且峰值逐渐减小；谣言免疫者R_1密度达到稳定状态所用时间基本相同，而谣言免疫者R_1密度的最大值却逐渐减小；谣言净化者R_2密度达到稳定状态所用时间基本相同，而谣言净化者R_2密度的最大值却逐渐减小。

图3-10的结果意味着，在线社交网络潜伏者用户纠正谣言信息的意愿越强烈，谣言传播者在更长的时间内感染更少的未知者成为谣言传播者；谣言单信息传播系统达到稳定状态时，未知者最终被感染的数量越少，谣言免疫者最终数量越少，谣言净化者最终数量越少。

四、影响力概率对谣言传播者和谣言净化者的影响

在线社交网络用户人群由谣言传播者状态I转变为谣言净化者状态R_2的影响力概率是刻画在线社交网络中谣言单信息传播自净化机制的重要参数。如图3-11所示，分析了在线社交网络谣言单信息传播模型中未知者、谣言传播者、谣言免疫者和谣言净化者人群密度曲线随影响力概率θ的变化情况。这里系统参数$\beta=0.1$，$\alpha=0.4$，$\delta=0.2$，$\lambda=0.3$，$\eta=0.6$，$\gamma=0.2$，$\varepsilon=0.6$，$<k>=6$，$\omega=0.4$不变，谣言传播者人群在谣言净化者人群的影响下，谣言传播者转变为谣言净化者，图中曲线分别表示当其他参数固定不变时，影响力概率依次是$\theta=0.3$、$\theta=0.5$、$\theta=0.7$时，未知者、谣言传播者、谣言免疫者和谣言净化者人群密度的变化情况。

从图3-11可以看出，随着影响力概率的增大，未知者S达到稳定状态所用时间基本相同，未知者S密度的最小值逐渐增大；谣言传播者I密度的峰值出现的系统时间越早，而峰值却逐渐减小；谣言免疫者R_1密度达到稳定状态所用时间基本相同，而谣言免疫者R_1密度的最大值却逐渐减小；谣言净化者R_2密度达到稳定状态所用时间基本相同，而谣言净化者R_2密度的最大值却逐渐减小。

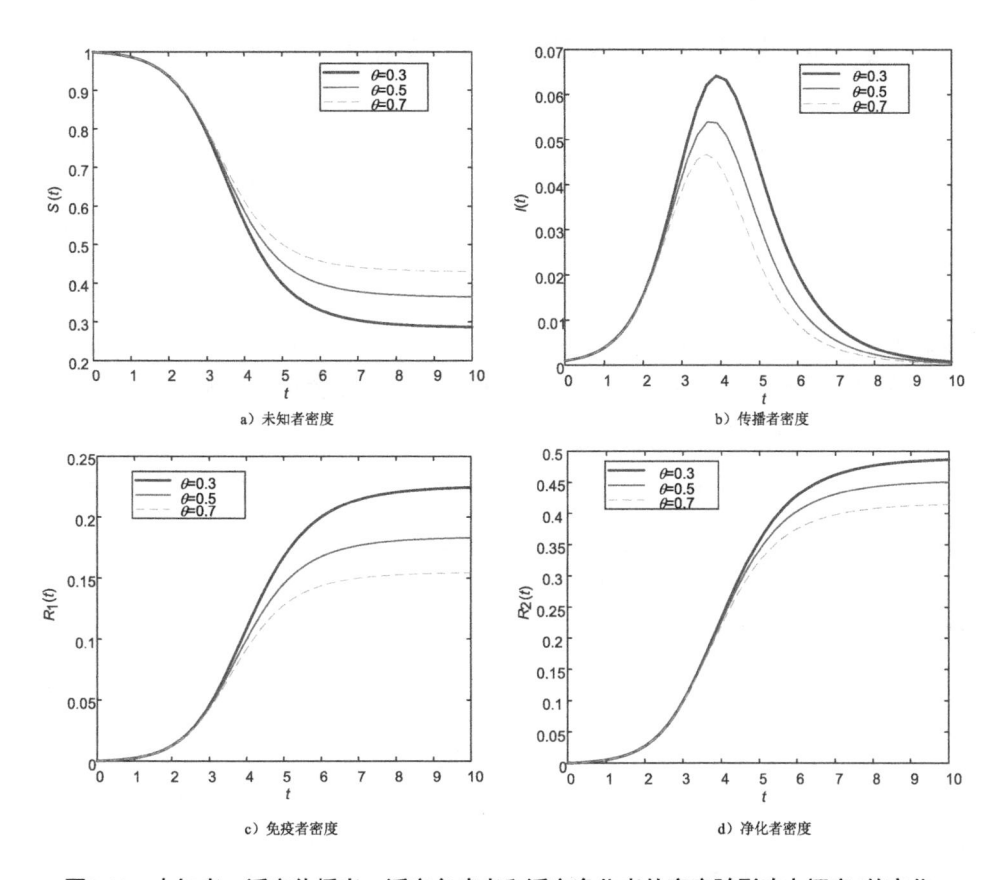

图3-11　未知者、谣言传播者、谣言免疫者和谣言净化者的密度随影响力概率θ的变化

Fig. 3-11　Density of unknowns, rumor transmitters, rumor immunizers and rumor purifiers over time with different influence rate θ

图3-11的结果表明，在线社交网络谣言传播者用户受到谣言净化者影响力越大，谣言传播者在更短的时间内感染更少的未知者成为谣言传播者；谣言单信息传播系统达到稳定状态时，未知者最终被感染的数量越少，谣言免疫者最终数量越少，谣言净化者最终数量越少。

五、辨析概率对谣言传播者和谣言净化者的影响

在线社交网络用户人群由谣言传播者状态I转变为谣言净化者状态R_2的辨析概率是刻画在线社交网络中谣言单信息传播自净化机制的重要参数。如图3-12所示，分析了在线社交网络谣言单信息传播模型中未知者、谣言传播者、谣言免疫者和谣言净化者人群密度曲线随辨析概率η的变化情况。这里系统参数β=0.1，α=0.4，δ=0.2，λ=0.3，θ=0.3，γ=0.2，ε=0.6，$<k>$=6，ω=0.4不变，谣言传播者人群经过自身对谣言的辩证分析，谣言传播者转变为谣言净化者，图中曲线分别表示当其他参数固定不变时，辨析概率依次是η=0.4、η=0.5、η=0.6时，未知者、谣言传播者、谣言免疫者和谣言净化者人群密度的变化情况。

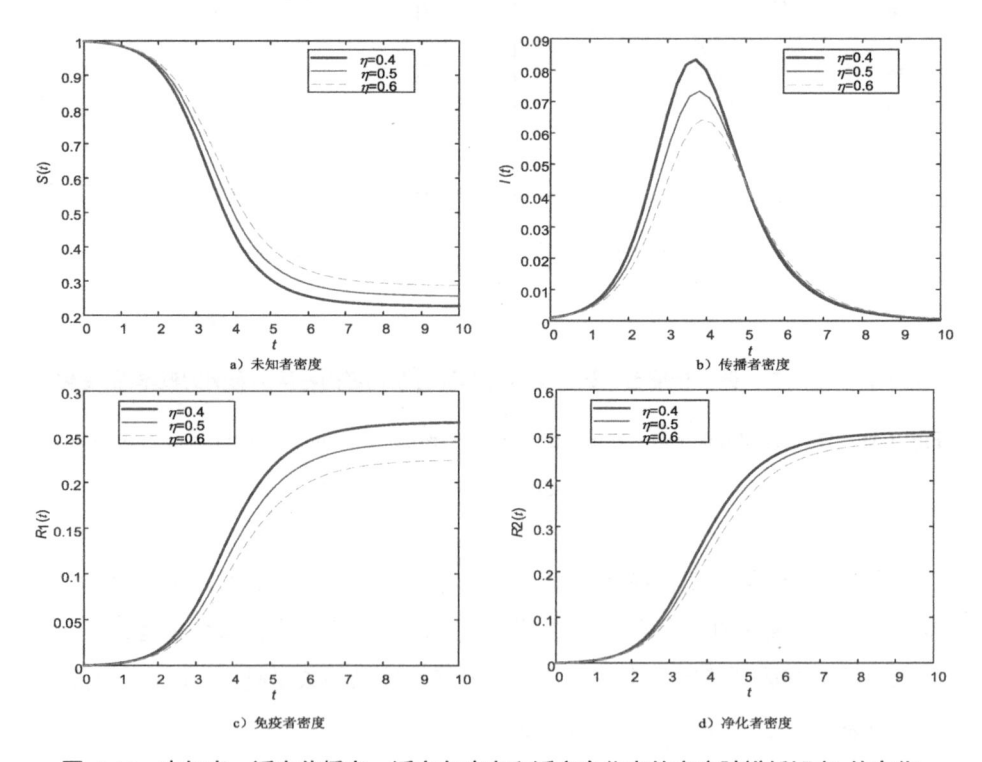

图 3-12 未知者、谣言传播者、谣言免疫者和谣言净化者的密度随辨析概率η的变化

Fig. 3-12 Density of unknowns, rumor transmitters, rumor immunizers and rumor purifiers over time with different resolution rate η

从图3-12可以发现，随着辨析概率的增大，未知者S达到稳定状态所用时间基本相同，未知者S密度的最小值逐渐增大；谣言传播者I密度的峰值出现的系统时间越晚，而峰值却逐渐减小；谣言免疫者R_1密度达到稳定状态所用时间基本相同，而谣言免疫者R_1密度的最大值却逐渐减小；谣言净化者R_2密度达到稳定状态所用时间基本相同，而谣言净化者R_2密度的最大值却逐渐减小。

图3-12的结果表明，在线社交网络谣言传播者用户辩证分析谣言信息的能力越强，谣言传播者在更长的时间内感染更少的未知者成为谣言传播者；谣言单信息传播系统达到稳定状态时，未知者最终被感染的数量越少，谣言免疫者和谣言净化者最终数量越少。

六、自净化机制下在线社交网络单信息传播规律与启示

上述仿真结果表明，自净化机制显著影响网络用户的传播行为。提高社交网络用户识别谣言信息能力、增强社交网络用户纠正谣言信息意愿、提高社交网络谣言净化者用户的影响力以及增强社交网络用户辩证分析谣言信息的能力，可以进一步提高在线社交网络谣言单信息传播系统的自净化能力。由此得出在线社交网络单信息传播规律与启示。

（1）谣言传播初期，提高社交网络用户识别谣言信息能力，可以进一步提高在线社交网络谣言单信息自净化能力。由于网络用户生活环境、受教育程度、性格特点等方面存在差异，面对同一谣言信息时，网络用户会表现出不同的反应，这一传播规律启示政府或媒体可以经常发布一些容易引导网络用户的网络知识、科学知识以及生活常识等内容，这些内容可以写成文章或者制作成视频，或者邀请专家学者或者知名主持人对相关内容进行讲解和宣传，通过各种渠道进行传播和讨论，让网络用户充分接触和了解各种容易产生谣言的内容和观点，达到普遍提升网络用户对谣言信息的识别能力。例如2020年年初，新冠肺炎疫情出现后，网络上流传"喝酒可预防新冠肺炎"的谣言信息。造成这些谣言的原因是中国工程院院士、国家卫生健康委高级别专家组成员李兰娟向公众科普"浓度为75%的酒精能够杀灭冠状病毒"，这一言论被曲解成"喝酒可以预防新冠肺炎"。随后，李兰娟解释道："医用浓度为75%的酒精，可用

于消毒医疗器械,但喝酒并不能防治新冠肺炎。"

(2)谣言传播中期,增强社交网络用户纠正谣言信息意愿,可以进一步提高在线社交网络谣言单信息自净化能力。这一传播规律启示政府或媒体经常宣传包含国家层面、社会层面和个人层面的社会主义核心价值观等社会主流价值观,组织开展各种形式的社会实践活动,帮助在线社交网络用户树立正确的观念和行为模式,不断提升社交网络用户的专业素养和社会责任感,呼吁在线社交网络的全体用户积极传递包含社会正能量的真实信息,并促进其在更大范围内传播和扩散,营造良好的在线社交网络生态环境。

(3)谣言传播中期,提高社交网络谣言净化者用户的影响力,可以进一步提高在线社交网络谣言单信息自净化能力。为此,网络谣言净化者需要不断提升自己的专业水平,具备较高的专业程度,对谣言信息避免激进地表达观点,谨慎客观地评价,积极传播真实可靠的信息,逐渐树立某个领域专家的形象,赢得社交网络众多用户的高度认可和信赖,获得更多网络用户的关注,从而提高自身在社交网络中的影响力。

(4)谣言传播中期,增强社交网络用户辩证分析谣言信息的能力,可以进一步提高在线社交网络谣言单信息自净化能力。网络用户在面对信息真假无法判断的时候,尤其是在线社交网络时刻都有大量的信息在传播,甚至有冒充官方网站发布的信息以迷惑网络用户,网络用户只能根据自身知识水平和辩证分析能力作出判断,控制自己的从众心理,避免盲目传播未经证实的信息,理性、客观、科学地分析信息的真假,促使更多的网络用户养成辩证分析网络信息的习惯,抑制谣言单信息传播,促进真实信息传播,保证国家网络健康良性发展,营造良好的在线社交网络生态环境,维护社会秩序稳定。

第五节 本章小结

本章考虑了在线社交网络中自净化机制对谣言单信息传播的影响,提出融入自净化机制的在线社交网络单信息$SEIR_1R_2$传播模型,刻画在线社交网络中用户行为抑制谣言单信息传播的过程,并采用微分动力学方法求解谣言单信息传播阈值。数值仿真结果表明，提高社交网络用户识别谣言信息能力能够有效减少未知者、谣言传播者、谣言免疫者和谣言净化者用户数量，但超过一定识别能力后，谣言净化者用户数量便开始减少。增强潜伏者用户纠正谣言信息的意愿、谣言净化者影响力和用户辩证分析谣言信息的能力能够有效减少未知者、谣言传播者、谣言免疫者和谣言净化者用户数量。

第四章　具有双向转变机制的在线社交网络双信息传播建模

本章将研究对象从第三章的单信息层面拓展到双信息层面，研究单一机制对在线社交网络双信息传播过程的影响，这为第五章进一步研究复合机制对在线社交网络双信息传播过程的影响奠定了基础。本章分析了双向转变机制对在线社交网络双信息传播的影响，构建了在线社交网络双信息双向转变机制传播动力学模型，并求解双信息传播阈值。然后利用Matlab软件模拟双信息在均匀社交网络中的传播过程，验证阈值理论结果的正确性，并揭示双向转变机制影响下的在线社交网络双信息传播的规律。其中，双向转变机制是指社交网络用户接触谣言传播者（或者真实信息传播者），转变为谣言潜伏者（或者真实信息潜伏者），谣言潜伏者（或者真实信息潜伏者）经过自身思考判断后，既可能转变为谣言传播者（或者真实信息传播者），又可能转变为真实信息传播者（或者谣言传播者）的过程。

第一节　在线社交网络双向转变机制问题描述

大数据时代，在线社交网络双信息传播已经影响到人们生活的方方面面。以Facebook、Twitter、微博和微信等为代表的社交网络为人们日常联系和交流提供了重要平台，网络用户可以在平台上自由发表言论、自由讨论主题、传播新颖观点和内容等，为信息传播创造了适宜的条件。然而信息的宽松发布有可能造成谣言的大范围传播，误导社交网络用户的认知和行为，甚至影响到国家安全和社会稳定。例如，发生在2020年上半年的"中国粮食供应面临危机"谣言信息的广泛传播，引发公众纷纷到超市、商场大量抢购粮食。因此研究网络谣言和真实信息传播问题、分析双信息传播规律和内在机理具有重要的理论意义和现实意义。

现有抑制在线社交网络谣言传播的研究已经取得了一定成果。考虑到未知者接触谣言传播者后，可以转变为谣言传播者和真实信息传播者，可利用微分方程组模型揭示在线社交网络谣言传播规律[119-177]。然而，这些研究忽略了未知者接触谣言传播者后，由于个体认知水平、教育程度等的差异，网络用户往往需要思考判断后才能作出传播与否的决定，所以加入双重潜伏者更加符合实际情况。这里的双重潜伏者是指真实信息潜伏者和谣言潜伏者。同时，在已有研究中谣言潜伏者思考判断后只能转化为谣言传播者[119]。然而在现实中，谣言潜伏者发现真相也可能转化为真实信息传播者；同理，真实信息潜伏者误认为谣言是真相，也可能转化为谣言传播者。

本章提出双向转变机制并对其作出定义，即双向转变机制是指社交网络用户接触谣言传播者（或者真实信息传播者），转变为谣言潜伏者（或者真实信息潜伏者），谣言潜伏者（或者真实信息潜伏者）经过自身思考判断后，既可能转变为谣言传播者（或者真实信息传播者），又可能转变为真实信息传播者（或者谣言传播者）的机制。借鉴SEIR传染病动力学模型并加以拓展，通过分析双向转变机制对在线社会网络双信息传播的影响，构建$SE_1E_2TIR_1R_2$在线社交网络双信息传播动力学模型，揭示双向转变机制影响下的在线社交网络双信息传播的规律。

第二节 在线社交网络双信息双向转变机制分析

在线社交网络双信息传播主要研究谣言信息和真实信息双信息在社交网络中的传播现象，将在线社交网络双信息传播用户状态分为七类，研究七类网络用户在双向转变机制影响下的发展趋势和演变规则，为建立在线社交网络双信息传播模型奠定基础。

一、在线社交网络双信息传播用户状态

为了便于研究，假设社交网络用户总数固定不变，总数量为N，根据传染病动力学理论可知，每个在线社交网络用户在每个时刻会成为未知者S、潜伏者E（潜伏者细分为：与真实信息传播者接触后转变成为潜伏者E_1，E_1被称为真实信息潜伏者；与谣言传播者接触后转变成为潜伏者E_2，E_2被称为谣言潜伏者）、真实信息传播者T、谣言传播者I、免疫者R（免疫者细分为：由真实信息传播者转变成为免疫者R_1，R_1被称为真实信息免疫者；由谣言传播者转变成为免疫者R_2，R_2被称为谣言免疫者）七种用户人群中的一员。为了表示方便，分别用S、E_1、E_2、T、I、R_1、R_2表示七种用户人群。其中，未知者S表示网络用户从未听到过谣言信息或者真实信息，对双信息一点不了解；真实信息潜伏者E_1表示网络用户听过真实信息，有传播意愿但不确定真实信息真假的未知者；谣言潜伏者E_2表示网络用户听过谣言信息，有传播意愿但不确定谣言信息真假的未知者；真实信息传播者T表示网络用户听到真实信息并有传播意愿进行传播的用户；谣言传播者I表示网络用户听到谣言并有传播意愿进行传播的用户；真实信息免疫者R_1表示网络用户听到真实信息但不相信真实信息或对其不感兴趣，不传播真实信息的用户；谣言免疫者R_2表示网络用户听到谣言信息但不相信谣言信息或对其不感兴趣，不传播谣言信息的用户。

二、在线社交网络双信息传播动力机制

在线社交网络双信息传播用户人群用S、E_1、E_2、T、I、R_1、R_2分别表示未知者人群、真实信息潜伏者人群、谣言潜伏者人群、真实信息传播者人群、谣言传播者人群、真实信息免疫者人群、谣言免疫者人群。在线社交网络双信息传播规则可定义如下：

（1）未知者S与真实信息传播者T接触，未知者S以概率β转变为真实信息潜伏者E_1，β称为真实信息潜伏率，由未知者S转变为真实信息潜伏者E_1；以概

第四章 具有双向转变机制的在线社交网络双信息传播建模

率α转变为真实信息免疫者R_1,由未知者S转变为真实信息免疫者R_1,其中$\alpha+\beta \leqslant 1$。未知者与真实信息传播者接触后,未知者可能受到真实信息传播者的影响,变为真实信息传播者或者真实信息免疫者,也可能不受真实信息传播者的影响,继续处于未知者状态,如图4-1所示。

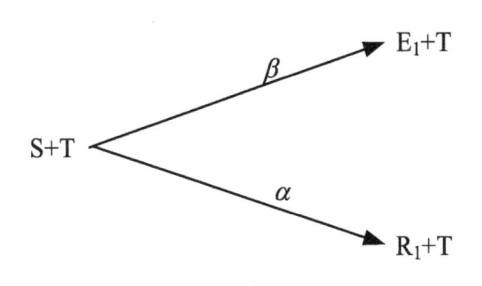

图4-1　ST传播规则

Fig.4-1　Propagation rules of ST

(2)未知者S与谣言传播者I接触,未知者S以概率ω转变为谣言潜伏者E_2,ω称为谣言潜伏率,由未知者S转变为谣言潜伏者E_2;以概率ε转变为谣言免疫者R_2,由未知者S转变为谣言免疫者R_2,其中$\omega+\varepsilon \leqslant 1$。未知者与谣言传播者接触后,未知者可能受到谣言传播者的影响,变为谣言传播者或者谣言免疫者,也可能不受谣言传播者的影响,继续处于未知者状态,如图4-2所示。

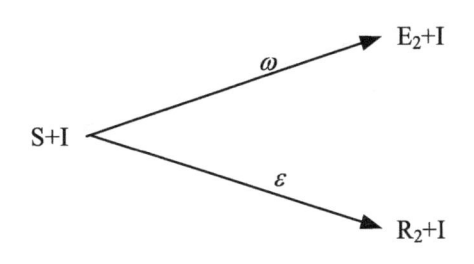

图4-2　SI传播规则

Fig.4-2　Propagation rules of SI

（3）真实信息潜伏者E_1经过思考判断后，以概率θ转变为真实信息传播者T，θ称为真实信息转变率，由真实信息潜伏者E_1转变为真实信息传播者T；以概率$1-\theta$转变为谣言传播者I，由真实信息潜伏者E_1转变为谣言传播者I，如图4-3所示。

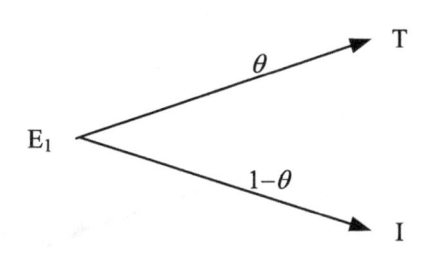

图4-3　E_1传播规则

Fig.4-3　Propagation rules of E_1

（4）谣言潜伏者E_2经过思考判断后，以概率μ转变为谣言传播者I，μ称为谣言转变率，由谣言潜伏者E_2转变为谣言传播者I；以概率$1-\mu$转变为真实信息传播者T，由谣言潜伏者E_2转变为真实信息传播者T，如图4-4所示。

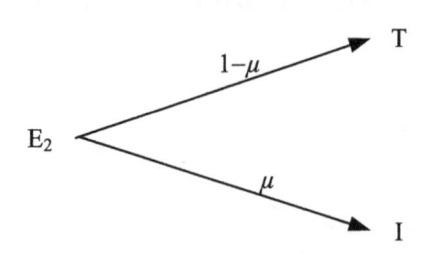

图4-4　E_2传播规则

Fig.4-4　Propagation rules of E_2

（5）谣言传播者I与真实信息传播者T接触，谣言传播者I以概率δ转变为真实信息传播者T，δ称为谣言纠正率，由谣言传播者I转变为真实信息传播者T，如图4-5所示。

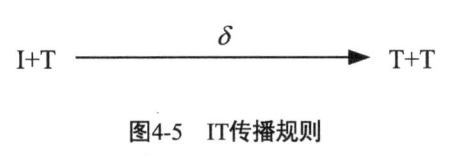

$$I+T \xrightarrow{\delta} T+T$$

图4-5　IT传播规则

Fig.4-5　Propagation rules of IT

（6）真实信息传播者T和谣言传播者I受遗忘因素的影响，真实信息传播者T以概率γ转变为真实信息免疫者R_1，γ称为真实信息遗忘率，由真实信息传播者T转变为真实信息免疫者R_1，如图4-6所示。

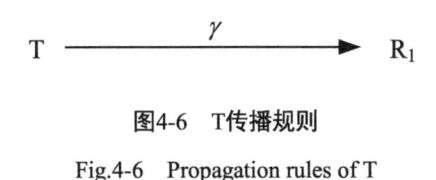

$$T \xrightarrow{\gamma} R_1$$

图4-6　T传播规则

Fig.4-6　Propagation rules of T

（7）谣言传播者I以概率η转变为谣言免疫者R_2，η称为谣言遗忘率，由谣言传播者I转变为谣言免疫者R_2，如图4-7所示。

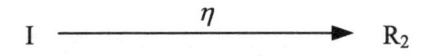

$$I \xrightarrow{\eta} R_2$$

图4-7　I传播规则

Fig.4-7　Propagation rules of I

根据上述分析，在线社交网络真实信息和谣言双信息传播规则可用图4-8表示。

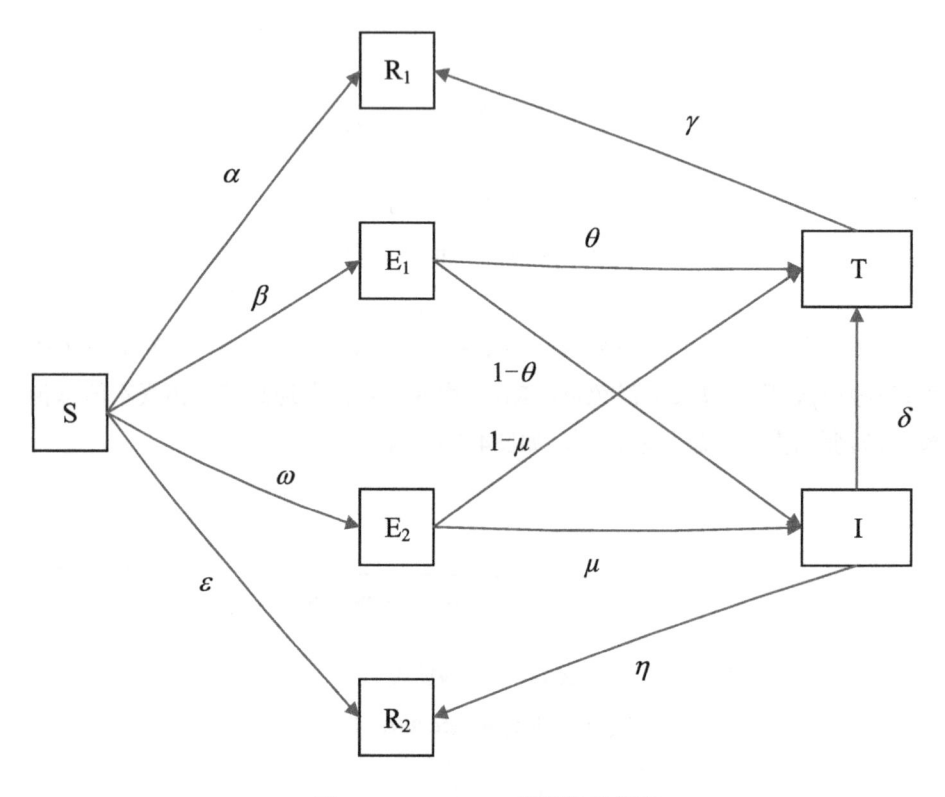

图4-8　SE₁E₂TIR₁R₂模型传播规则

Fig. 4-8　Propagation rules of SE₁E₂TIR₁R₂ model

第三节　在线社交网络双信息传播建模以及模型分析

根据上述在线社交网络信息传播研究成果可知，社交网络信息传播可以选择均匀网络（随机网络、小世界网络）或者非均匀网络（无标度网络）作为网络模型进行建模研究，为了简化模型求解与分析的复杂程度，更好地说明在线社交网络真实信息和谣言双信息传播的双向转变机制问题，本章构建基于均匀网络的$SE_1E_2TIR_1R_2$双信息传播模型，并对模型进行分析，进而求解双信息传播阈值。

一、在线社交网络双信息传播建模

由度可知，在线社交网络用户的平均度$<k>$表示网络中所有用户总度数的平均值。在均匀网络中，假设每个用户度数k等于在线社交网络的平均度数，即$k=<k>$。分别用$S(t)$、$E_1(t)$、$E_2(t)$、$T(t)$、$I(t)$、$R_1(t)$、$R_2(t)$表示t时刻未知者人群S、真实信息潜伏者人群E_1、谣言潜伏者人群E_2、真实信息传播者人群T、谣言传播者人群I、真实信息免疫者人群R_1、谣言免疫者人群R_2的用户密度，同时满足$S(t)+E_1(t)+E_2(t)+T(t)+I(t)+R_1(t)+R_2(t)=1$。根据上述在线社交网络真实信息和谣言双信息传播规则，建立均匀网络$SE_1E_2TIR_1R_2$社交网络双信息传播模型。

$$\frac{dS(t)}{dt}=-(\alpha+\beta)<k>S(t)T(t)-(\omega+\varepsilon)<k>S(t)I(t) \quad (4\text{-}1)$$

$$\frac{dE_1(t)}{dt}=\beta<k>S(t)T(t)-E_1(t) \quad (4\text{-}2)$$

$$\frac{dE_2(t)}{dt}=\omega<k>S(t)T(t)-E_2(t) \quad (4\text{-}3)$$

$$\frac{dT(t)}{dt}=\delta<k>I(t)T(t)+(1-\mu)E_2(t)+\theta E_1(t)-\gamma T(t) \quad (4\text{-}4)$$

$$\frac{dI(t)}{dt}=(1-\theta)E_1(t)+\mu E_2(t)-\delta<k>I(t)T(t)-\eta I(t) \quad (4\text{-}5)$$

$$\frac{dR_1(t)}{dt}=\alpha<k>S(t)T(t)+\gamma T(t) \quad (4\text{-}6)$$

$$\frac{dR_2(t)}{dt} = \eta I(t) + \varepsilon <k> S(t)I(t) \qquad (4\text{-}7)$$

二、在线社交网络双信息传播模型分析

$SE_1E_2TIR_1R_2$ 在线社交网络双信息传播模型包含真实信息传播和谣言传播两个过程。本章将对真实信息传播和谣言传播的稳定状态进行单独分析，研究在线社交网络双信息传播模型中各参数变化对稳定状态的影响。

（一）在线社交网络真实信息传播的稳定状态分析

假设政府相关部门或者媒体在谣言信息发生时或者之前就积极宣传真实信息，谣言产生后社交网络用户中没有出现谣言传播者，在线社交网络双信息传播过程简化为在线社交网络真实信息传播过程。假设真实信息在均匀网络中传播，刚开始真实信息在在线社交网络传播时，较少人知道真实信息，假设初始时刻社交网络中只有一个用户是传播真实信息者，真实信息潜伏者人群数量、真实信息免疫者人群数量都为零，假设在线社交网络用户人群总数是 N，则当 $t=0$ 时，$S(0)=(N-1)/N$，$T(0)=1/N$，$E_1(0)=0$，$R_1(0)=0$；当 $t\to\infty$ 时，在线社交网络真实信息传播系统达到稳定状态，此时，未知者人群数量减小到最小数值，用 S^∞ 表示，即 $S(\infty)=S^\infty$，真实信息潜伏者人群数量减小到零，即 $E_1(\infty)=0$，真实信息传播者人群数量减小到零，即 $T(\infty)=0$，真实信息免疫者人群数量增加到最大值，用 R_1^∞ 表示，即 $R_1(\infty)=R_1^\infty$，且满足 $S^\infty+R_1^\infty=1$。其中，R_1^∞ 的值越大，表示在线社交网络真实信息传播结束时，网络用户认同真实信息的人越多，是衡量真实信息影响力的指标。

用式（4-6）除以式（4-1），得

$$\frac{dR_1(t)}{dS(t)} = \frac{\alpha <k> S(t)T(t) + \gamma T(t)}{-(\alpha+\beta)<k>S(t)T(t)} = \frac{\alpha <k> S(t) + \gamma}{-(\alpha+\beta)<k>S(t)}$$

$$dR_1(t) = \frac{\alpha}{-(\alpha+\beta)}dS(t) - \frac{\gamma}{(\alpha+\beta)<k>S(t)}dS(t) \qquad (4\text{-}8)$$

对式（4-8）两边积分，得

$$\int_0^\infty dR_1(t)d(t) = \frac{-\alpha}{\alpha+\beta}\int_0^\infty dS(t)d(t) - \frac{\gamma}{(\alpha+\beta)<k>}\int_0^\infty \frac{dS(t)}{S(t)}d(t) \qquad (4\text{-}9)$$

式（4-9）整理化简，得

$$R_1(t) = \frac{-\alpha}{\alpha+\beta}S(t) - \frac{\gamma}{(\alpha+\beta)<k>}\ln S(t) + C_1 \qquad (4\text{-}10)$$

当 $t=0$ 时，$S(0) \approx 1$，$R_1(0)=0$，带入（4-10）式，得

$$R_1(t) = \frac{\alpha}{-(\alpha+\beta)}S(t) - \frac{\gamma}{(\alpha+\beta)<k>}\ln S(t) + \frac{\alpha}{(\alpha+\beta)} \qquad (4\text{-}11)$$

在系统达到稳定状态时，网络用户人群中只有未知者人群和真实信息免疫者人群，即

$$S^\infty + R_1^\infty = 1 \qquad (4\text{-}12)$$

将（4-12）式代入（4-11）式，得

$$R_1^\infty = \frac{\alpha}{-(\alpha+\beta)}(1-R_1^\infty) - \frac{\gamma}{(\alpha+\beta)<k>}\ln(1-R_1^\infty) + \frac{\alpha}{(\alpha+\beta)} \qquad (4\text{-}13)$$

整理化简式（4-13），得

$$\frac{-\beta<k>}{\gamma}R_1^\infty = \ln(1-R_1^\infty)$$

$$e^{\frac{-\beta<k>}{\gamma}R_1^\infty} = e^{\ln(1-R_1^\infty)}$$

$$R_1^\infty = 1 - e^{\frac{-\beta<k>}{\gamma}R_1^\infty}$$

$$1 - R_1^\infty - e^{\frac{-\beta<k>}{\gamma}R_1^\infty} = 0 \qquad (4\text{-}14)$$

令

$$g(x) = 1 - x - e^{\frac{-\beta<k>}{\gamma}x} \qquad (4\text{-}15)$$

当$g(x)=0$时，若方程存在非零解，显然解是R_1^∞；若方程不存在非零解，则表示真实信息没有在社交网络进行传播。

求$g(x)$的一阶导数，得

$$g'(x) = -1 + \frac{\beta<k>}{\gamma} e^{\frac{-\beta<k>}{\gamma}x} \qquad (4\text{-}16)$$

求$g(x)$的二阶导数，得

$$g''(x) = -\left(\frac{\beta<k>}{\gamma}\right)^2 e^{\frac{-\beta<k>}{\gamma}x} \qquad (4\text{-}17)$$

由于$g''(x)<0$，所以$g(x)$是凹函数。从式（4-14）可知，当$x \geqslant 1$时，$g(x)<0$，又因为$g(x)=0$，所以只有当$g'(0)>0$时，$g(x)=0$才有非零解，即

$$g'(0) = -1 + \frac{\beta<k>}{\gamma} > 0 \qquad (4\text{-}18)$$

整理化简式（4-18），得

$$-1 + \frac{\beta<k>}{\gamma} > 0$$

$$\frac{\beta<k>}{\gamma} > 1$$

$$\beta > \frac{\gamma}{<k>} \qquad (4\text{-}19)$$

所以，当$\beta > \gamma/<k>$时，$g(x)=0$存在非零解。当在线社交网络双信息传播过程中谣言传播者初始值为零时，真实信息存在传播阈值$\gamma/<k>$，此时，真实信息潜伏者潜伏率β大于真实信息传播阈值$\gamma/<k>$，真实信息可以在网络用户人群中传播扩散。

（二）在线社交网络谣言信息传播的稳定状态分析

假设谣言产生后社交网络用户中没有出现真实信息传播者，在线社交网络双信息传播过程简化为在线社交网络谣言信息传播过程。假设谣言信息在均匀网络中传播，刚开始谣言信息在在线社交网络传播时，较少人知道谣言信息，假设初始时刻社交网络中只有一个用户是传播谣言，谣言潜伏者人群数量、谣言免疫者人群数量都为零，假设在线社交网络用户人群总数是N，当$t=0$时，$S(0)=(N-1)/N$，$I(0)=1/N$，$E_2(0)=0$，$R_2(0)=0$；当$t\to\infty$时，在线社交网络真实信息传播系统达到稳定状态，此时，未知者人群数量减小到最小数值，用S^∞表示，即$S(\infty)=S^\infty$，谣言潜伏者人群数量减少到零，即$E_2(\infty)=0$，谣言传播者人群数量减少到零，即$I(\infty)=0$，谣言免疫者人群数量增加到最大值，用R_2^∞表示，即$R_2(\infty)=R_2^\infty$，且满足$S^\infty+R_2^\infty=1$。其中，R_2^∞的值越大，表示在线社交网络谣言信息传播结束时，网络用户认同谣言信息的人越多，是衡量谣言信息影响力的指标。

用式（4-7）除以式（4-1），得

$$\frac{\mathrm{d}R_2(t)}{\mathrm{d}S(t)} = \frac{\eta I(t)+\varepsilon<k>S(t)I(t)}{-(\omega+\varepsilon)<k>S(t)I(t)}$$

$$\mathrm{d}R_2(t) = \frac{-\eta}{(\omega+\varepsilon)<k>S(t)}\mathrm{d}S(t) - \frac{\varepsilon}{(\omega+\varepsilon)}\mathrm{d}S(t) \quad (4-20)$$

对式（4-20）两边积分，得

$$\int_0^\infty \mathrm{d}R_2(t)\mathrm{d}(t) = \frac{-\eta}{(\omega+\varepsilon)<k>}\int_0^\infty \frac{\mathrm{d}S(t)}{S(t)}\mathrm{d}(t) - \frac{\varepsilon}{(\omega+\varepsilon)}\int_0^\infty \mathrm{d}S(t)\mathrm{d}(t) \quad (4-21)$$

式（4-21）整理化简，得

$$R_2(t) = \frac{-\eta}{(\omega+\varepsilon)<k>}\ln S(t) - \frac{\varepsilon}{(\omega+\varepsilon)}S(t) + C_2 \quad (4-22)$$

当$t=0$时，$S(0)\approx 1$，$R_2(0)=0$，代入式（4-22），得

$$R_2(t) = \frac{-\eta}{(\omega+\varepsilon)<k>} \ln S(t) - \frac{\varepsilon}{(\omega+\varepsilon)} S(t) + \frac{\varepsilon}{(\omega+\varepsilon)} \qquad (4\text{-}23)$$

在系统达到稳定状态时，网络用户人群中只有未知者人群和谣言免疫者人群，即

$$S^\infty + R_2^\infty = 1 \qquad (4\text{-}24)$$

将式（4-24）代入式（4-23），得

$$R_2^\infty = \frac{-\eta}{(\omega+\varepsilon)<k>} \ln(1-R_2^\infty) - \frac{\varepsilon}{(\omega+\varepsilon)}(1-R_2^\infty) + \frac{\varepsilon}{(\omega+\varepsilon)} \qquad (4\text{-}25)$$

整理化简式（4-25），得

$$\frac{\varepsilon}{(\omega+\varepsilon)} R_2^\infty = \frac{-\eta}{(\omega+\varepsilon)<k>} \ln(1-R_2^\infty)$$

$$\frac{<k>\varepsilon}{-\eta} R_2^\infty = \ln(1-R_2^\infty)$$

$$e^{\frac{<k>\omega}{-\eta} R_2^\infty} = 1 - R_2^\infty$$

$$1 - R_2^\infty - e^{\frac{<k>\omega}{-\eta} R_2^\infty} = 0 \qquad (4\text{-}26)$$

令

$$h(x) = 1 - x - e^{\frac{<k>\omega}{-\eta} x} \qquad (4\text{-}27)$$

当$h(x)=0$时，若方程存在非零解，显然解是R_2^∞；若方程不存在非零解，则表示谣言信息没有在社交网络进行传播扩散。

求$h(x)$的一阶导数，得

$$h'(x) = -1 + \frac{<k>\omega}{-\eta} e^{\frac{<k>\omega}{-\eta} x} \qquad (4\text{-}28)$$

求 $h(x)$ 的二阶导数，得

$$h''(x) = -\left(\frac{<k>\omega}{-\eta}\right)e^{\frac{<k>\omega}{-\eta}x} \quad (4\text{-}29)$$

由于 $h''(x)<0$，所以 $h(x)$ 是凹函数。从式（4-14）可知，当 $x \geq 1$ 时，$h(x)<0$。又因为 $h(x)=0$，所以只有当 $h'(x)>0$ 时，$h(x)=0$ 才有非零解，即

$$h'(0) = -1 + \frac{\omega <k>}{\eta} > 0 \quad (4\text{-}30)$$

整理化简式（4-30），得

$$-1 + \frac{\omega <k>}{\eta} > 0$$

$$\frac{\omega <k>}{\eta} > 1$$

$$\omega > \frac{\eta}{<k>} \quad (4\text{-}31)$$

当 $\omega > \eta/<k>$ 时，$h(x)=0$ 存在非零解。当在线社交网络双信息传播过程中真实信息传播者初始值为零时，谣言信息存在传播阈值 $\eta/<k>$，此时，谣言潜伏者潜伏率 ω 大于谣言信息传播阈值 $\eta/<k>$，谣言信息可以在网络用户人群中传播扩散。

第四节 在线社交网络双信息传播模型仿真分析

利用 Matlab 软件，采用数值仿真的方法，模拟双向转变机制对在线社交网络双信息传播的影响。刚开始真实信息和谣言信息在在线社交网络传播时，较少人知道真实信息和谣言信息，根据已有研究成果，假设初始时刻社交网络中谣言传播者和真实信息传播者各有一个网络用户，人群总数是 $N=1000$，则未知

者人群数量是N=1000−2，则初始时刻七类用户人群的初始密度如下：$S(0)$=(1000−2)/1000，$E_1(0)$=0，$E_2(0)$=0，$T(0)$=1/1000，$I(0)$=1/1000，$R_1(0)$=0，$R_2(0)$=0，本节中所有仿真图的横坐标t都表示时间，模型参数的设置都是考虑参数多样性进行设置。

一、双信息传播用户节点演化趋势分析

图4-9显示了双向转变机制影响下均匀网络中$SE_1E_2TIR_1R_2$模型的七类型节点的一般趋势。在线社交网络双信息传播系统参数设置如下：α=0.1，β=0.2，ω=0.4，ε=0.1，γ=0.3，θ=0.6，μ=0.8，η=0.4，δ=0.5，$<k>$=6。根据式(4-19)$\beta>\gamma/<k>$和式(4-31)$\omega>\eta/<k>$可知，当$<k>$=6时，$(\gamma/<k>)_{max}$<0.2，即$\beta\geq0.2$、$\omega\geq0.2$能分别满足真实信息和谣言信息大范围传播的条件。

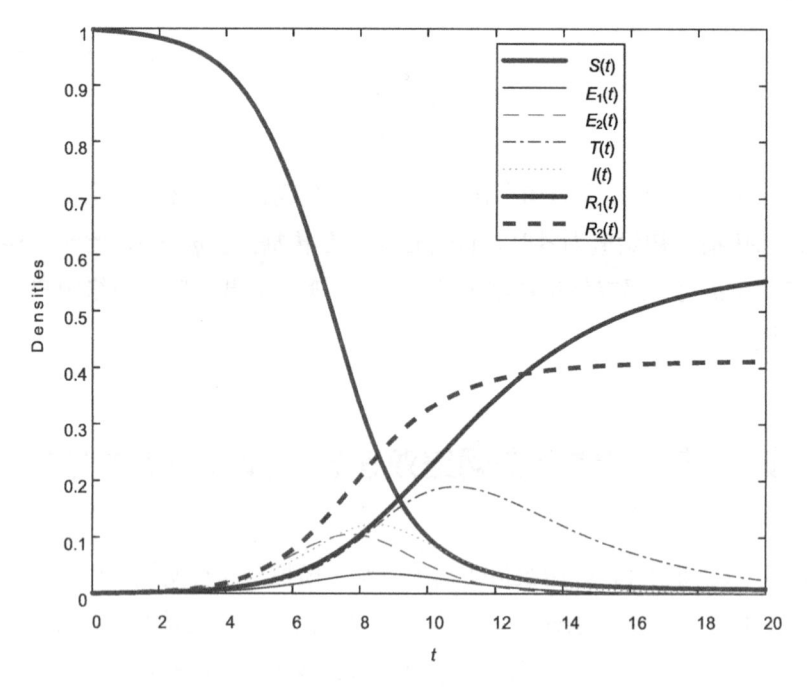

图 4-9　$SE_1E_2TIR_1R_2$模型中不同节点密度变化

Fig. 4-9　Densities of different groups in $SE_1E_2TIR_1R_2$ model

从图4-9可以发现，在真实信息和谣言信息同时传播过程中，未知者人群的密度一直下降几乎达到零，与谣言单信息传播模型相比，双信息传播对未知者人群的影响范围更大；真实信息潜伏者和真实信息传播者人群的密度变化趋势相似，均先增大，达到最大值后开始减小直至消失为零，并且真实信息潜伏者人群先于真实信息传播者人群达到峰值，真实信息潜伏者人群的峰值小于真实信息传播者人群的峰值；谣言潜伏者和谣言传播者人群的密度变化趋势相似，均先增大，达到最大值后开始减小直至消失为零，并且谣言潜伏者人群先于谣言传播者人群达到峰值，谣言潜伏者人群的峰值小于谣言传播者人群的峰值；真实信息免疫者人群和谣言免疫者人群的密度变化趋势相似，一直上升达到系统稳定状态后不再变化，而且真实信息免疫者人群和谣言免疫者人群的峰值取决于真实信息传播者人群和谣言传播者人群的峰值，真实信息传播者人群的峰值越大，真实信息免疫者人群的峰值越大；谣言传播者人群的峰值越小，谣言免疫者人群的峰值越小；进一步发现真实信息免疫者人群和真实信息潜在者人群的峰值的关系密切程度弱于谣言免疫者人群和谣言信息潜在者人群的峰值的关系密切程度。当在线社交网络双信息传播系统达到平衡状态时，社交网络中仅存在未知者人群、真实信息免疫者人群和谣言免疫者人群。仿真双信息传播结果表明，在系统参数设置满足一定条件的情况下，在线社交网络双信息传播可以实现双信息的双向转变机制。这些结果与式（4-1）～（4-7）传播动力学分析结果一致。

二、真实信息转变率对双信息传播者和免疫者的影响

在线社交网络用户人群由真实信息潜伏者状态E_1转变为真实信息传播者状态T的真实信息转变概率是刻画在线社交网络双信息传播双向转变机制的重要参数。如图4-10所示，分析了在线社交网络双信息传播模型中真实信息传播者、谣言传播者、真实信息免疫者和谣言免疫者人群密度曲线随真实信息转变概率θ的变化情况。这里系统参数$\alpha=0.1$，$\beta=0.2$，$\omega=0.4$，$\varepsilon=0.1$，$\gamma=0.3$，$\mu=0.8$，$\eta=0.4$，$\delta=0.5$，$<k>=6$不变，假设当真实信息潜伏者人群接触真实信息传播者人群时，真实信息潜伏者转变为真实信息传播者和谣言传播者，图中曲线分别表示当其

他参数固定不变时，真实信息转变概率依次是 $\theta=0.6$、$\theta=0.8$、$\theta=1$ 时，真实信息传播者、谣言传播者、真实信息免疫者和谣言免疫者的变化情况。

从图4-10可以发现，随着真实信息转变概率的增大，真实信息传播者T的峰值出现的系统时间基本相同，且峰值逐渐增大；谣言传播者I密度的峰值出现的系统时间基本相同，且峰值逐渐减小；真实信息免疫者R_1密度达到稳定状态所用时间基本相同，且真实信息免疫者R_1密度的最大值逐渐增大；谣言免疫者R_2密度达到稳定状态所用时间基本相同，而谣言免疫者R_2密度的最大值却逐渐减小。

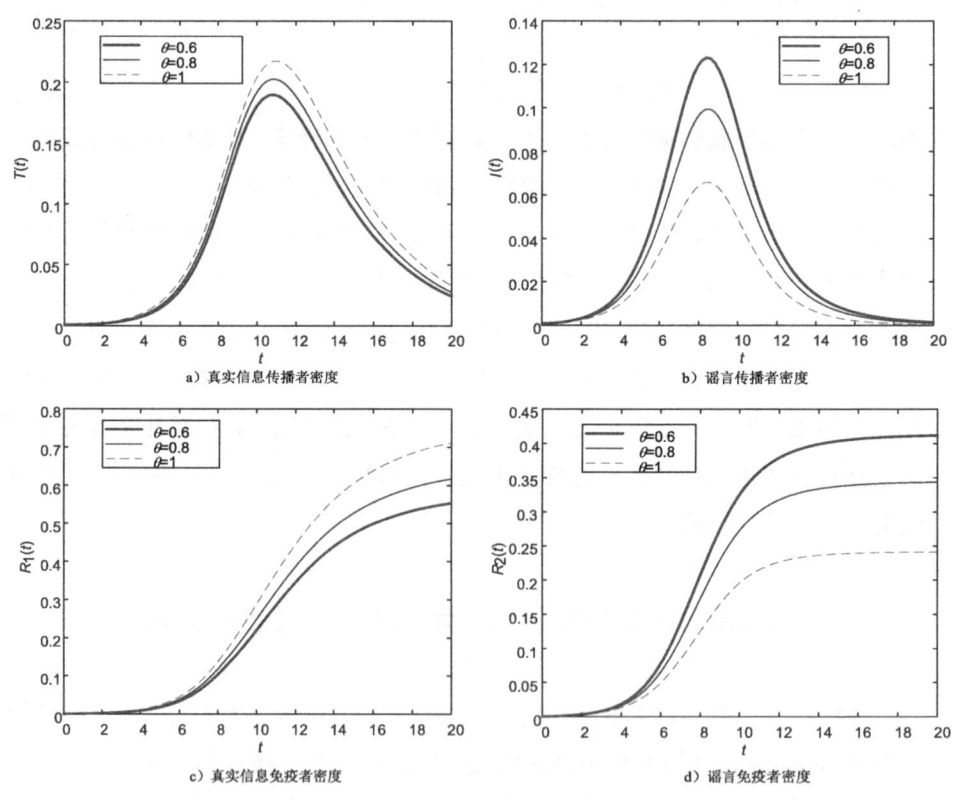

图 4-10 真实信息传播者、谣言传播者、真实信息免疫者和谣言免疫者的密度随真实信息转变概率θ的变化

Fig. 4-10 Density of true information spreader, rumor spreader, true information immune and rumor immune over time with different true information conversion rate θ

图4-10结果意味着，在线社交网络真实信息潜伏者转变为真实信息传播者用户越多，社交网络中传播真实信息的用户越多，传播谣言信息的用户越少；当社交网络双信息传播系统达到稳定状态时，真实信息免疫者最终数量越多，谣言免疫者最终数量越少。

三、谣言转变率对双信息传播者和免疫者的影响

在线社交网络用户人群由谣言潜伏者状态E_2转变为谣言传播者状态I的谣言信息转变概率是刻画在线社交网络双信息传播双向转变机制的重要参数。如图4-11所示，分析了在线社交网络双信息传播模型中真实信息传播者、谣言传播者、真实信息免疫者和谣言免疫者人群密度曲线随谣言信息转变概率μ的变化情况。

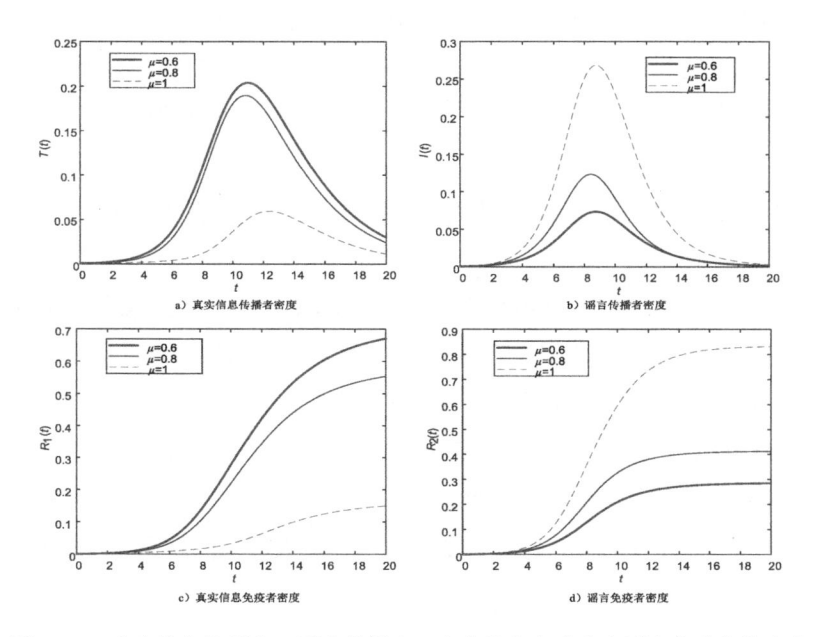

图 4-11 真实信息传播者、谣言传播者、真实信息免疫者和谣言免疫者的密度随谣言转变概率μ的变化

Fig. 4-11 Density of true information spreader, rumor spreader, true information immune and rumor immune over time with different rumor conversion rate μ

这里系统参数$\alpha=0.1$，$\beta=0.2$，$\omega=0.4$，$\varepsilon=0.1$，$\gamma=0.3$，$\theta=0.6$，$\eta=0.4$，$\delta=0.5$，$<k>=6$不变，假设当谣言潜伏者人群接触谣言传播者人群时，谣言潜伏者转变为谣言传播者和真实信息传播者，图中曲线分别表示当其他参数固定不变时，谣言信息转变概率依次是$\mu=0.6$、$\mu=0.8$、$\mu=1$时，真实信息传播者、谣言传播者、真实信息免疫者和谣言免疫者的变化情况。

从图4-11可以看出，随着谣言信息转变概率的增大，真实信息传播者T的峰值出现的系统时间先变早、后变晚，且曲线形状发生较大改变，而峰值却逐渐减小；谣言传播者I密度的峰值出现的系统时间先变早，后变晚，且峰值逐渐增大；真实信息免疫者R_1密度达到稳定状态所用时间基本相同，而真实信息免疫者R_1密度的最大值却逐渐减小；谣言免疫者R_2密度达到稳定状态所用时间基本相同，且谣言免疫者R_2密度的最大值逐渐增大。

图4-11结果表明，在线社交网络谣言潜伏者转变为谣言传播者用户越多，社交网络中传播真实信息的用户越少，传播谣言信息的用户越多，但是最大值出现的时间都有先提前后推迟的现象；当社交网络双信息传播系统达到稳定状态时，谣言免疫者最终数量越多，真实信息免疫者最终数量越少。

四、真实信息遗忘率对双信息传播者和免疫者的影响

在线社交网络用户人群由真实信息传播者状态T转变为真实信息免疫者状态R_1的真实信息遗忘概率是刻画在线社交网络双信息传播双向转变机制的重要参数。如图4-12所示，分析了在线社交网络双信息传播模型中真实信息传播者、谣言传播者、真实信息免疫者和谣言免疫者人群密度曲线随真实信息遗忘概率γ的变化情况。这里系统参数$\alpha=0.1$，$\beta=0.2$，$\omega=0.4$，$\varepsilon=0.1$，$\theta=0.6$，$\mu=0.8$，$\eta=0.4$，$\delta=0.5$，$<k>=6$不变，假设真实信息传播者人群受到遗忘因素的影响，真实信息传播者转变为真实信息免疫者，图中曲线分别表示当其他参数固定不变时，真实信息遗忘概率依次是$\gamma=0.3$、$\gamma=0.5$、$\gamma=0.7$时，真实信息传播者、谣言传播者、真实信息免疫者和谣言免疫者的变化情况。

从图4-12可以看出，随着真实信息遗忘概率的增大，真实信息传播者T的峰值出现的系统时间越来越早，而峰值却逐渐减小；谣言传播者I密度的峰值

出现的系统时间越来越晚,且峰值逐渐增大;真实信息免疫者R_1密度达到稳定状态所用时间基本相同,而真实信息免疫者R_1密度的最大值却逐渐减小;谣言免疫者R_2密度达到稳定状态所用时间基本相同,且谣言免疫者R_2密度的最大值逐渐增大。

图4-12结果意味着,在线社交网络真实信息传播者转变为真实信息免疫者用户越多,社交网络中传播真实信息的用户越少,真实信息传播者最大值出现的时间越早;传播谣言信息的用户越多,谣言传播者最大值出现的时间越晚;当社交网络双信息传播系统达到稳定状态时,谣言免疫者最终数量越多,真实信息免疫者最终数量越少。

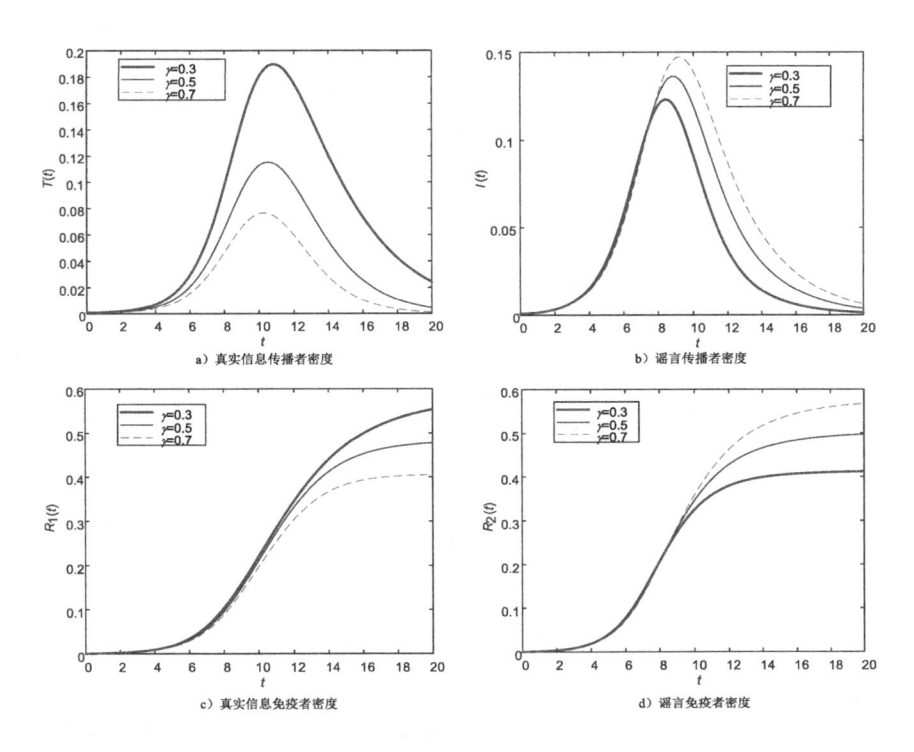

图 4-12 真实信息传播者、谣言传播者、真实信息免疫者和谣言免疫者的密度随真实信息遗忘概率γ的变化

Fig. 4-12 Density of true information spreader, rumor spreader, true information immune and rumor immune over time with different true information forgetting rate γ

五、谣言遗忘率对双信息传播者和免疫者的影响

在线社交网络用户人群由谣言传播者状态I转变为谣言免疫者状态R_2的谣言信息遗忘概率是刻画在线社交网络双信息传播双向转变机制的重要参数。如图4-13所示，分析了在线社交网络双信息传播模型中真实信息传播者、谣言传播者、真实信息免疫者和谣言免疫者人群密度曲线随谣言信息遗忘概率η的变化情况。

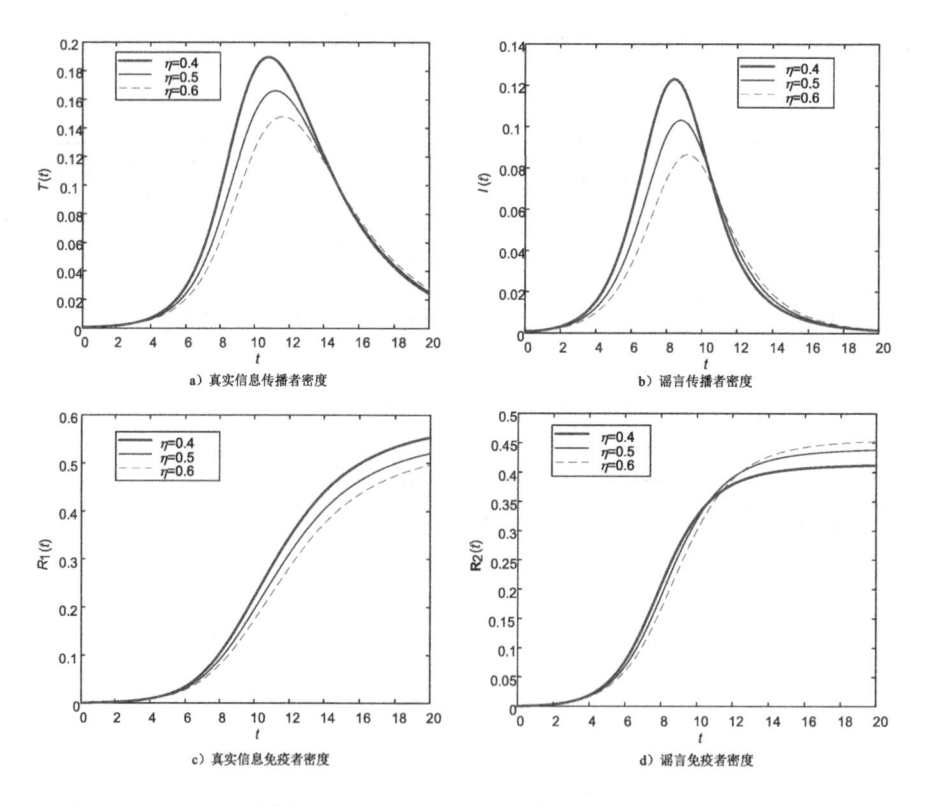

a) 真实信息传播者密度

b) 谣言传播者密度

c) 真实信息免疫者密度

d) 谣言免疫者密度

图4-13 真实信息传播者、谣言传播者、真实信息免疫者和谣言免疫者的密度随谣言遗忘概率η的变化

Fig. 4-13 Density of true information spreader, rumor spreader, true information immune and rumor immune over time with different rumor forgetting rate η

这里系统参数 $\alpha=0.1$，$\beta=0.2$，$\omega=0.4$，$\varepsilon=0.1$，$\gamma=0.3$，$\theta=0.6$，$\mu=0.8$，$\delta=0.5$，$<k>=6$ 不变，假设谣言传播者人群受到遗忘因素的影响，谣言传播者转变为谣言免疫者，图中曲线分别表示当其他参数固定不变时，谣言信息遗忘概率依次是 $\eta=0.4$、$\eta=0.5$、$\eta=0.6$ 时，真实信息传播者、谣言传播者、真实信息免疫者和谣言免疫者的变化情况。

从图4-13可以发现，随着谣言信息遗忘概率的增大，真实信息传播者T的峰值出现的系统时间越来越晚，而峰值却逐渐减小；谣言传播者I密度的峰值出现的系统时间越来越晚，而峰值却逐渐减小；真实信息免疫者R_1密度达到稳定状态所用时间基本相同，而真实信息免疫者R_1密度的最大值却逐渐减小；谣言免疫者R_2密度达到稳定状态所用时间基本相同，且谣言免疫者R_2密度的最大值逐渐增大。

图4-13结果表明，在线社交网络谣言传播者转变为谣言免疫者用户越多，社交网络中传播真实信息和谣言信息的用户越少，真实信息传播者和谣言传播者最大值出现的时间越晚；当社交网络双信息传播系统达到稳定状态时，谣言免疫者最终数量越多，真实信息免疫者最终数量越少。这说明谣言信息的传播可以促进真实信息的传播。

六、网络平均度对双信息传播者和免疫者的影响

在线社交网络平均度是刻画在线社交网络双信息传播双向转变机制的重要参数。如图4-14所示，分析了在线社交网络双信息传播模型中真实信息传播者、谣言传播者、真实信息免疫者和谣言免疫者人群密度曲线随网络平均度 $<k>$ 的变化情况。这里系统参数 $\alpha=0.1$，$\beta=0.2$，$\omega=0.4$，$\varepsilon=0.1$，$\gamma=0.3$，$\theta=0.6$，$\mu=0.8$，$\eta=0.4$，$\delta=0.5$ 不变，图中曲线分别表示当其他参数固定不变时，社交网络平均度依次是 $<k>=5$、$<k>=6$、$<k>=7$ 时，真实信息传播者、谣言传播者、真实信息免疫者和谣言免疫者的变化情况。

从图4-14可以看出，随着网络平均度的增大，真实信息传播者T的峰值出现的系统时间越来越早，且峰值逐渐增大；谣言传播者I密度的峰值出现的系统时间越来越早，而峰值却逐渐减小；真实信息免疫者R_1密度达到稳定状态所

用时间基本相同,且真实信息免疫者R_1密度的最大值逐渐增大;谣言免疫者R_2密度达到稳定状态的系统时间越来越早,而谣言免疫者R_2密度的最大值却逐渐减小。

图4-14结果表明,在线社交网络平均度越大,社交网络中传播真实信息的用户越多,越早达到峰值;传播谣言信息的用户越少,越早达到峰值;当社交网络双信息传播系统达到稳定状态时,谣言免疫者最终数量越少,真实信息免疫者最终数量越多。这说明增大社交网络的平均度可以加快真实信息和谣言信息的传播速度,并促进真实信息传播,同时抑制谣言信息传播。

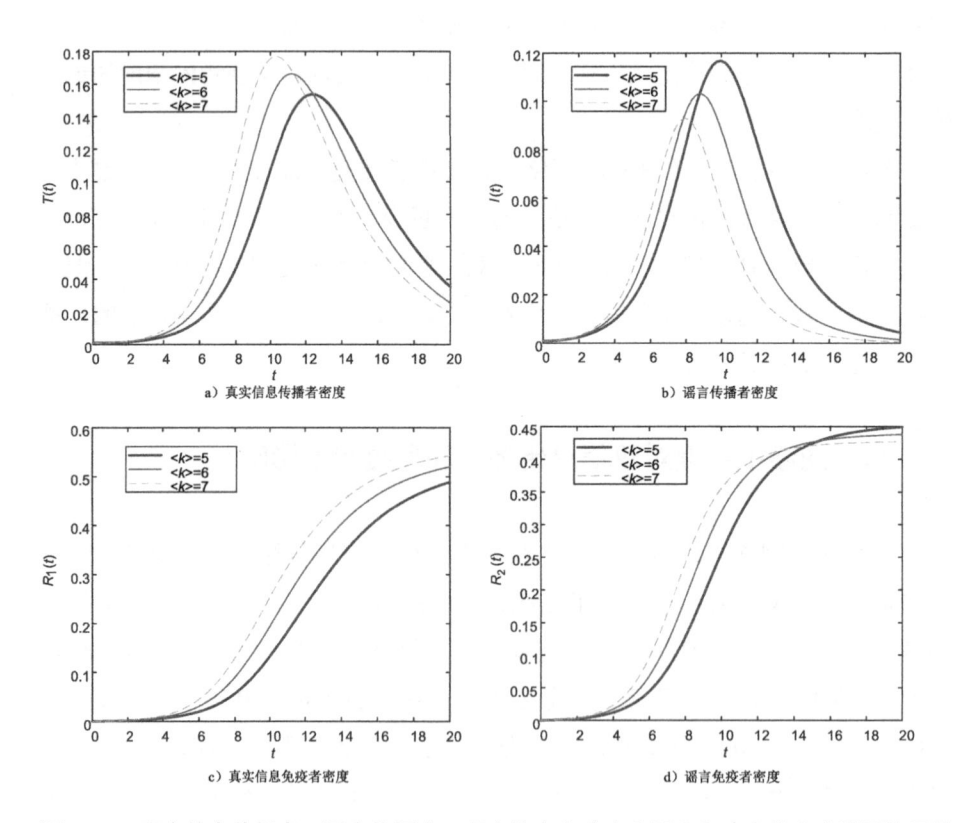

图 4-14 真实信息传播者、谣言传播者、真实信息免疫者和谣言免疫者的密度随网络平均度$<k>$的变化

Fig. 4-14 Density of true information spreader, rumor spreader, true information immune and rumor immune over time with different network average degree $<k>$

七、双向转变机制下在线社交网络双信息传播规律与启示

上述仿真结果表明，双向转变机制对网络用户的传播行为具有显著影响。增大社交网络真实信息潜在用户转变为真实信息传播者的概率、减少社交网络谣言信息潜在用户转变为谣言传播者的概率、减少社交网络真实信息传播用户转变为真实信息免疫者的概率、减少社交网络谣言信息传播用户转变为谣言免疫者的遗忘概率以及增大社交网络的平均度，可以有效抑制在线社交网络双信息传播系统中谣言信息的传播。由此得出，在线社交网络双信息传播的规律与启示。

（1）谣言传播初期，增大社交网络真实信息潜在用户转变为真实信息传播者的概率，可以有效抑制在线社交网络双信息传播系统中谣言信息的传播。由于社交网络用户的网络知识水平、价值观念、生活经历等方面不同，众多用户在面对真实信息时可能出现怀疑真实信息，甚至相信真实信息的反面情况，这就需要网络用户丰富自身的网络知识、科学知识、生活知识等方面内容的储备，树立正确的价值观，用社会主义核心价值观指导生活、工作的方方面面。例如2020年6月以来，我国南方迎来持续大规模强降雨，"2020年，真正的天道轮回，我们遇到了60年小轮回的庚子年，更遇到了180年周期的白元年……还会发生很多意想不到的灾害……"。谣言开始在网络上传播，对此，原国家卫星气象中心主任杨军回应称："从目前来看，这一说法缺乏科学依据。太阳是太阳系的主宰，能对地球产生决定性影响的只能是太阳，土星、木星的影响微乎其微，来自银河系的影响更不值一提。"中国科学院国家天文台研究员郑永春认为，把两个不相干的事实扯在一起，引出一个谬论，是一种典型的伪科普逻辑。

（2）谣言传播初期，减少社交网络谣言信息潜在用户转变为谣言传播者的概率，可以有效抑制在线社交网络双信息传播系统中谣言信息的传播。由于社交网络用户的网络从众心理、好奇心理、出名心理等方面不同，众多用户在面对谣言信息时可能出现传播谣言信息的情况，这就需要网络用户在社交网络中对未经证实的谣言信息不盲目相信和传播，对热议话题保持谨慎的态度，用马克思唯物主义和辩证主义指导我们认识网络主题，同时，这一传播规律启示政府或媒体需要做好宣传和教育工作，引导广大网络用户不造谣、不传谣，提

高网络用户传谣的成本，加大惩罚力度。

（3）谣言传播中期，减少社交网络真实信息传播用户转变为真实信息免疫者的概率和社交网络谣言信息传播用户转变为谣言免疫者的遗忘概率，可以有效抑制在线社交网络双信息传播系统中谣言信息的传播。由于社交网络信息更新速度很快，不断有新主题出现，加之网络用户精力和时间有限，真实信息传播者和谣言传播者有可能将注意力放在新主题真实信息上面，从而忽略原来主题的真实信息，这一传播规律启示政府或者媒体加大宣传"抑制谣言传播，人人有责"，鼓励网络用户积极发表关于某个主题的言论和观点，有助于网络用户深入理解相关主题内容，加强社交网络用户的社会责任感和使命感，营造良好的社交网络环境。

（4）谣言传播中期，增大社交网络的平均度，可以有效抑制在线社交网络双信息传播系统中谣言信息的传播。由于社交网络平均度表示每个用户平均连接的用户数量，因此，政府或媒体可以为用户之间的连接创造更多更便捷的条件，加强网络用户之间的紧密关系。

第五节　本章小结

本章分析了在线社交网络中双向转变机制对双信息传播的影响，提出具有双向转变机制的在线社交网络双信息$SE_1E_2TIR_1R_2$传播模型，并采用微分动力学方法求解真实信息和谣言信息传播阈值。数值模拟结果表明，增大社交网络真实信息潜在用户转变为真实信息传播者的转变概率、减少社交网络谣言信息潜在用户转变为谣言传播者的转变概率、减少社交网络真实信息传播用户转变为真实信息免疫者的遗忘概率，可以抑制谣言信息传播。此外，减少社交网络谣言信息传播用户转变为谣言免疫者的遗忘概率也可以抑制谣言信息传播，这说明谣言的传播促进了真实信息的传播；增大社交网络的平均度也可以抑制谣言信息传播，这说明网络用户连接越紧密，越有助于传播真实信息。

第五章 基于竞争合作复合机制的在线社交网络双信息传播建模

本书第四章从单一机制层面研究了在线社交网络双信息传播过程，本章在第四章单一机制的基础上，进一步研究复合机制对在线社交网络双信息传播过程的影响。双信息传播不仅会受到单一机制的影响，而且会受到多种机制的影响。因此，研究社交网络谣言信息和真实信息传播现象，揭示双信息竞争合作机制具有重大意义。本章基于种群动力学理论方法，引入Logistic项和Holling-Ⅱ型功能反应函数构建双信息竞争合作模型，建立双信息传播微分动力学方程组，分析系统局部稳定性，并求解双信息竞争合作传播过程中的局部稳定点。利用新浪微博转发数据，仿真不同模型参数和控制系数对社交网络双信息传播的影响，揭示在线社交网络中双信息传播过程中的竞争合作规律。其中，竞争合作复合机制是指双信息传播过程中两条信息之间既有竞争关系又有合作关系，两种关系同时存在的机制。

第一节 在线社交网络双信息传播现象分析

在线社交网络平台每天发布无数条信息，并不是所有信息都能够大范围传播和扩散，由于消息主题的吸引力、用户的兴趣、用户的权威性等因素的影响，网络用户会有选择地传播某些信息而不传播某些信息。因此，研究在线社交网络双信息传播现象，必须分析不同信息之间的交互影响。

当前，国内外学者对双信息传播的研究已取得了丰富的理论成果。考虑到双信息传播与捕食者猎物模型的相似性与差异性，国内外学者基于种群动力学模型，对双信息合作[55,171]、双信息竞争[55,58,171]进行研究，以揭示双信息传播内在规律。然而，这些研究主要研究双信息合作或者竞争单一机制对谣言传播的影响，而忽略了竞争合作复合机制对对谣言传播的影响。竞争合作复合机制，是指双信息传播过程中两条信息之间既有竞争关系又有合作关系，两种关系同时存在。网络中发布了关于同一个主题的两条信息，在刚开始传播时，在线社交网络用户知道两条信息的数量都较少，两条信息传播速度较慢，此时两条信息传播过程互不影响，甚至是合作关系，相互促进传播，即表现出合作效应，实现生物种群中的共生传播；当两条信息传播一段时间后，在线社交网络用户知道两条信息的数量较多，两条信息的传播速度也较快，此时，两条信息之间就会互相争夺网络用户，形成抑制彼此传播的现象，即表现出竞争效应。分析双信息竞争合作关系同时存在，尤其是如何运用一条信息快速干预另一条信息的传播速度和传播范围以及两条信息如何达到最终的稳定状态基本处于空白状态。

根据上述分析，本章将信息内容、用户行为、用户对信息的兴趣等因素纳入在线社交网络双信息传播模型，借鉴种群动力学理论方法研究社交网络双信息传播问题，构建在线社交网络双信息种群动力学方程组，分析双信息传播系统的稳定性，并进一步求解系统的稳定点，结合微博实际数据对双信息传播的模型参数、控制系数进行仿真研究。

第二节 基于种群动力学的在线社交网络双信息传播建模

在线社交网络中双信息传播过程与自然界中两种群增长过程类似，因此本章引入两种群竞争合作机制研究双信息在社交网络中的传播规律，首先描述了双信息传播过程中的竞争合作机制，然后根据双信息竞争合作机制建立双信息传播的捕食者-猎物模型。

一、在线社交网络双信息传播系统描述

在线社交网络中双信息传播存在竞争合作的交互影响,假设在线社交网络中用户总数固定不变。本章主要研究关于同一主题的双信息传播问题,分析竞争合作复合机制对双信息在传播过程中稳定性的影响。

假设在线社交网络中传播信息一的用户数量是M_1,传播信息二的用户数量是M_2,传播信息一的用户可能会为了更深入更全面地了解这个主题而继续浏览真实信息,这在很大程度上取决于内容的吸引力、用户的行为、用户对内容的兴趣等方面。考虑到每条信息的传播者数量都有上限,假设传播信息一和信息二的用户数量上限都是V,我们引入种群动力学中的Logistic项;考虑到每条信息传播者数量的增长或者减少有边际递减的规律,我们引入Holling-Ⅱ型功能反应函数。

二、在线社交网络双信息传播的捕食者-猎物模型

根据上述分析,建立在线社交网络双信息传播的捕食者-猎物模型:

$$\frac{\mathrm{d}M_1(t)}{\mathrm{d}t} = M_1(t)\left[a_1(V-nM_1(t))\left(1-\frac{M_1(t)}{V}\right)-\frac{a_2M_2(t)}{1+a_3M_1(t)}\right] \quad (5\text{-}1)$$

$$\frac{\mathrm{d}M_2(t)}{\mathrm{d}t} = M_2(t)\left[b_1\left(1-\frac{mM_2(t)}{V}\right)+\frac{b_2M_1(t)}{1+a_3M_1(t)}\right] \quad (5\text{-}2)$$

其中,a_1表示信息一的固有增长率,b_1表示信息二的固有增长率,a_2表示信息二传播对谣言信息传播的抑制率,b_2表示信息一传播对信息二传播的促进率,a_3表示传播信息二的用户对传播信息一的用户的同化效率以及传播信息二的用户的增长效率,n表示浏览信息一人数达到关键阈值的控制参数,m表示浏览信息二人数达到关键阈值的控制参数。

很显然:

(1)传播信息一的用户数量M_1会一直增长,只要满足如下条件:

$$0 < M_1(t) < V < \frac{V}{n} \tag{5-3}$$

(2)传播信息二的用户数量M_2会一直增长,只要满足如下条件:

$$0 < M_2(t) < V < \frac{V}{m} \tag{5-4}$$

第三节　在线社交网络双信息传播模型分析

根据式(5-1)和式(5-2),可以分析在线社交网络双信息传播过程中平衡点的存在情况,进而求解系统的平衡点,最后对平衡点的稳定性进行判断。

一、系统的稳定性

本节研究在线双信息传播模型系统解的存在性,根据式(5-1)和式(5-2),令

$$\frac{dM_1(t)}{dt} = f_1(M_1(t), M_2(t)) \tag{5-5}$$

$$\frac{dM_2(t)}{dt} = f_2(M_1(t), M_2(t)) \tag{5-6}$$

其中,当$M_1(t) > 0$,$M_2(t) > 0$时,$f_1(M_1(t), M_2(t))$和$f_2(M_1(t), M_2(t))$是连续可微函数。

根据式(5-1)和(5-5),可推导出

$$\frac{\partial f_1}{\partial M_1(t)} = \left[a_1(V - nM_1(t))\left(1 - \frac{M_1(t)}{V}\right) - \frac{a_2 M_2(t)}{1 + a_3 M_1(t)} \right] + M_1(t) \left[a_1(V - nM_1(t))\left(1 - \frac{M_1(t)}{V}\right) - \frac{a_2 M_2(t)}{1 + a_3 M_1(t)} \right]'$$

化简上式,可得

$$\frac{\partial f_1}{\partial M_1(t)} = a_1\left(V + \frac{3nM_1^2(t)}{V}\right) - \left[2a_1(n+1)M_1(t) + \frac{a_2 M_2(t)}{(1+a_3 M_1(t))^2}\right] \quad (5\text{-}7)$$

根据式（5-2）和（5-6），可推导出

$$\frac{\partial f_2}{\partial M_2(t)} = \left[b_1\left(1 - \frac{mM_2(t)}{V}\right) + \frac{b_1 M_1(t)}{1+a_3 M_1(t)}\right] + M_2\left[b_1\left(1 - \frac{mM_2(t)}{V}\right) + \frac{b_1 M_1(t)}{1+a_3 M_1(t)}\right]'$$

化简上式，可得

$$\frac{\partial f_2}{\partial M_2(t)} = b_1 + \frac{b_2 M_1(t)}{1+a_3 M_1(t)} - \frac{2b_1 m M_2(t)}{V} \quad (5\text{-}8)$$

对式（5-7）进行缩放处理，可得

$$\left|\frac{\partial f_1}{\partial M_1(t)}\right| = \left|a_1\left(V + \frac{3nM_1^2(t)}{V}\right) - \left[2a_1(n+1)M_1(t) + \frac{a_2 M_2(t)}{(1+a_3 M_1(t))^2}\right]\right|$$

对上式整理化简，可得

$$\left|\frac{\partial f_1}{\partial M_1(t)}\right| = \left|a_1\left(V + \frac{3nM_1^2(t)}{V}\right)\right| \leqslant a_1 V(3n+1) \quad (5\text{-}9)$$

对式（5-8）取绝对值，并进行缩放处理，可得

$$\left|\frac{\partial f_2}{\partial M_2(t)}\right| = \left|b_1 + \frac{b_2 M_1(t)}{1+a_3 M_1(t)} - \frac{2b_1 m M_2(t)}{V}\right|$$

对上式整理化简，可得

$$\left|\frac{\partial f_2}{\partial M_2(t)}\right| < \left|b_1 + \frac{b_2 M_1(t)}{1+a_3 M_1(t)}\right| < b_1 + \frac{b_2}{a_3} \quad (5\text{-}10)$$

根据式（5-9）和式（5-10）可知，当 $t \to \infty$ 时，根据利普希茨连续条件（Lipschitz continuity），式（5-1）和式（5-2）组成的微分方程组存在唯一的解。

此外，应用庞加莱-本迪克松定理（Poincaré-Bendixson theorem），得到

$$\text{div}(f_1, f_2) = \frac{\partial f_1}{\partial M_1(t)} + \frac{\partial f_2}{\partial M_2(t)}$$

$$= a_1\left(V + \frac{3nM_1^2(t)}{V}\right) - \left[2a_1(n+1)M_1(t) + \frac{a_2M_2(t)}{(1+a_3M_1(t))^2}\right] + b_1 + \frac{b_2M_1(t)}{1+a_3M_1(t)} - \frac{2b_1mM_2(t)}{V}$$

$$= \left[a_1\left(V + \frac{3nM_1^2(t)}{V}\right) + b_1 + \frac{b_2M_1(t)}{1+a_3M_1(t)}\right] - \left[2a_1(n+1)M_1(t) + \frac{a_2M_2(t)}{(1+a_3M_1(t))^2} + \frac{2b_1mM_2(t)}{V}\right]$$

(5-11)

当 $0 = M_1(t) < M_2(t) = V$ 时,

$$\mathrm{div}(f_1, f_2) = \frac{\partial f_1}{\partial M_1(t)} + \frac{\partial f_2}{\partial M_2(t)}$$

$$= a_1V - a_2V + b_1 - 2b_1m \qquad (5\text{-}12)$$

根据式（5-12）可知

当 $a_2 < a_1$ 时,

$$\mathrm{div}(f_1, f_2) = \frac{\partial f_1}{\partial M_1(t)} + \frac{\partial f_2}{\partial M_2(t)} > 0$$

当 $a_2 > a_1$ 时,

$$\mathrm{div}(f_1, f_2) = \frac{\partial f_1}{\partial M_1(t)} + \frac{\partial f_2}{\partial M_2(t)} < 0$$

当 $0 = M_2(t) < M_1(t) = V$ 时,

$$\mathrm{div}(f_1, f_2) = \frac{\partial f_1}{\partial M_1(t)} + \frac{\partial f_2}{\partial M_2(t)}$$

$$= na_1V - a_1V + b_1 + \frac{b_2}{a_3} \qquad (5\text{-}13)$$

根据式（5-13）可知

$$\mathrm{div}(f_1, f_2) = \frac{\partial f_1}{\partial M_1(t)} + \frac{\partial f_2}{\partial M_2(t)} < 0$$

当 $M_1(t) = M_2(t)$ 时,

$$\mathrm{div}(f_1, f_2) = \frac{\partial f_1}{\partial M_1(t)} + \frac{\partial f_2}{\partial M_2(t)} \neq 0 \quad (5\text{-}14)$$

综上所述，可以知道

$$\exists \mathrm{div}(f_1, f_2) = \frac{\partial f_1}{\partial M_1(t)} + \frac{\partial f_2}{\partial M_2(t)} = 0 \quad (5\text{-}15)$$

根据庞加莱-本迪克松定理（Poincaré-Bendixson theorem）定理可知，式（5-1）和式（5-2）组成的系统动力学方程组至少存在一个周期轨道在(M_1, M_2)的相平面。

二、系统的平衡点

本节利用零增长等斜线方程研究在线双信息传播模型系统的平衡点。

令

$$\frac{\mathrm{d}M_1(t)}{\mathrm{d}t} = 0$$

即

$$\frac{\mathrm{d}M_1(t)}{\mathrm{d}t} = M_1(t)\left[a_1(V - nM_1(t))\left(1 - \frac{M_1(t)}{V}\right) - \frac{a_2 M_2(t)}{1 + a_3 M_1(t)}\right] = 0$$

整理化简，可得

$$F = a_1 a_3 n M_1^3(t) + (a_1 n - a_1 a_3 nV - a_1 a_3 V)M_1^2(t) + (a_1 a_3 V^2 - a_1 V - a_1 nV)M_1(t)$$
$$- a_2 V M_2(t) + a_1 V^2 = 0$$

（5-16）

令

$$\frac{\mathrm{d}M_2(t)}{\mathrm{d}t} = 0$$

即

$$\frac{dM_2(t)}{dt} = M_2(t)\left[b_1\left(1 - \frac{mM_2(t)}{V}\right) + \frac{b_2 M_1(t)}{1 + a_3 M_1(t)}\right] = 0$$

整理化简，可得

$$G = -(b_1 m + b_1 a_3 m M_1(t))M_2(t) + (b_1 + a_3 b_1 M_1(t) + b_2 M_1(t))V = 0 \quad (5\text{-}17)$$

式（5-16）和式（5-17）表明，信息一和信息二发生交互作用，系统在第一象限存在一个以上的正解，如图5-1和图5-2所示。在线社交网络双信息传播模型系统的理想情况是两条零增长等斜线方程的交点在正象限。

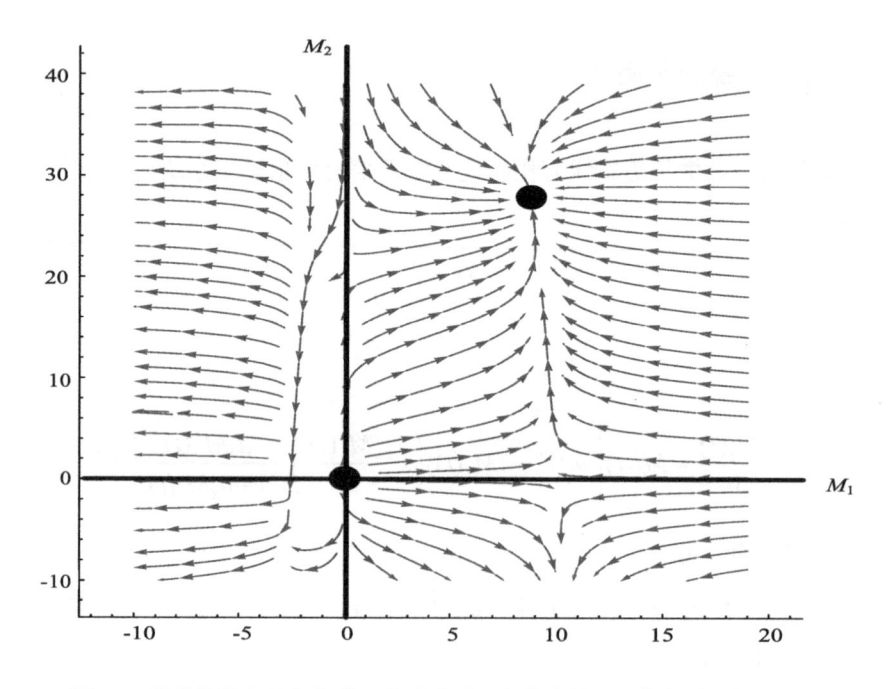

图5-1　当系统稳定且存在唯一吸引附近所有轨迹的正平衡点时的相位图

Fig.5-1　Phase portrait when system is stable and admits a unique positive equilibrium point attracting all nearby trajectories

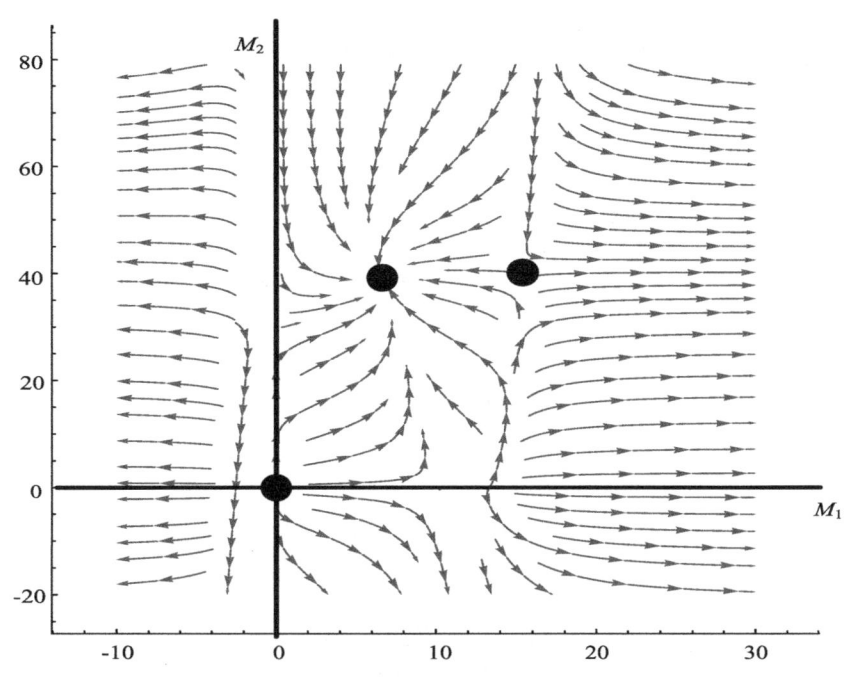

图5-2 当系统允许一个稳定的吸引附近轨迹的正平衡点和一个正的不稳定平衡点作为鞍节点时的相位图

Fig.5-2 Phase portrait when system admits one stable positive equilibrium point attracting nearby trajectories and one positive unstable equilibrium behaving as a saddle node

系统唯一正的平衡点通过式（5-16）和式（5-17）可以求出，通过式（5-17）可以得到

$$M_2^*(t) = \frac{(b_1 + a_3 b_1 M_1(t) + b_2 M_1(t))V}{(b_1 m + b_1 a_3 m M_1(t))} \quad (5\text{-}18)$$

将式（5-18）代入式（5-16），整理化简，得到

$$p_0 M_1^4(t) + p_1 M_1^3(t) + p_2 M_1^2(t) p_3 M_1(t) + p_4 = 0 \quad (5\text{-}19)$$

其中：

$p_0 = a_1 a_3 n b_1 a_3 m$

$p_1 = [a_1 a_3 n b_1 m + b_1 a_3 m (a_1 n - a_1 a_3 nV - a_1 a_3 V)]$

$$p_2 = [b_1 m(a_1 n - a_1 a_3 nV - a_1 a_3 V) + b_1 a_3 m(a_1 a_3 V^2 - a_1 V - a_1 nV)]$$

$$p_3 = [b_1 m(a_1 a_3 V^2 - a_1 V - a_1 nV) - a_2 V^2(a_3 b_1 + b_2) + a_1 V^2 b_1 a_3 m]$$

$$p_4 = a_1 V^2 b_1 m - a_2 V^2 b_1$$

式（5-19）可以简化为

$$X^4 + \mu_0 X_3 + \mu_1 X + \mu_2 = 0 \qquad (5\text{-}20)$$

其中：

$$M_1(t) = X - \frac{p_1}{4p_0}$$

$$\mu_0 = \frac{p_2}{p_0} - \frac{3p_1^2}{8p_0^2}$$

$$\mu_1 = \frac{p_3}{p_0} - \frac{p_1 p_2}{2p_0^2} + \frac{p_1^3}{8p_0^3}$$

$$\mu_2 = \frac{p_4}{p_0} - \frac{p_1 p_3}{4p_0^2} + \frac{p_1^2 p_3}{16 p_0^3} - \frac{3p_1^4}{25 p_0^4}$$

构造变量 s 的三次方程，满足以下条件：

$$8s^3 - 4\mu_0 s^2 - 8\mu_2 s + (3\mu_0 \mu_2 - \mu_1^2) = 0 \qquad (5\text{-}21)$$

根据式（5-20）和式（5-21），可以得到

$$(X^2 + s)^2 - [(2s - \mu_0)X^2 - \mu_1 X + s^2 - \mu_2] = 0 \qquad (5\text{-}22)$$

根据式（5-22），可以得到

$$(2s - \mu_0)X^2 - \mu_1 X + s^2 - \mu_2 = (2s - \mu_0)(X - X^+)(X - X^-) \qquad (5\text{-}23)$$

当 $X^+ = X^-$ 时，式（5-23）可以得到

$$X^+ = X^- = \frac{\mu_1}{2(2s - \mu_0)} \qquad (5\text{-}24)$$

根据式（5-24）代入式（5-22），可以得到

$$\left(X^2+s+\sqrt{2s-\mu_0}X-\frac{\mu_1}{2\sqrt{2s-\mu_0}}\right)\left(X^2+s-\sqrt{2s-\mu_0}X-\frac{\mu_1}{2\sqrt{2s-\mu_0}}\right)=0$$

(5-25)

因此,式(5-20)的解为

$$X_{1,2}=-\frac{1}{2}\sqrt{2s-\mu_0}\pm\frac{1}{2}\sqrt{-2s-\mu_0+\frac{2\mu_1}{\sqrt{2s-\mu_0}}}$$ (5-26)

$$X_{3,4}=\frac{1}{2}\sqrt{2s-\mu_0}\pm\frac{1}{2}\sqrt{-2s-\mu_0-\frac{2\mu_1}{\sqrt{2s-\mu_0}}}$$ (5-27)

进一步,可以得到

$$M_1^k(t)=X_k-\frac{p_1}{4p_0}, k=1,2,3,4$$ (5-28)

综上所述,得到在线社交网络双信息传播模型系统的平衡点为

$$(M_1^*(t),M_2^*(t))=\left(M_1^k(t),\frac{(b_1+a_3b_1M_1^k(t)+b_2M_1^k(t))V}{(b_1m+b_1a_3mM_1^k(t))}\right), k=1,2,3,4$$

(5-29)

三、平衡点的稳定性

本节讨论平衡点的稳定条件,并分析在线社交网络双信息竞争合作传播的结果。

令系统的雅克比矩阵为

$$J=\begin{bmatrix}O & P \\ Q & R\end{bmatrix}$$

其中:

$$O = a_1\left(V + \frac{3nM_1^2(t)}{V}\right) - \left[2a_1(n+1)M_1(t) + \frac{a_2M_2(t)}{(1+a_3M_1(t))^2}\right]$$

$$P = -\frac{a_2M_1(t)}{1+a_3M_1(t)}$$

$$Q = \frac{b_2M_2(t)}{(1+a_3M_1(t))^2}$$

$$R = b_1 + \frac{b_2M_1(t)}{1+a_3M_1(t)} - \frac{2b_1mM_2(t)}{V}$$

则

$$g = -(O+R)|_{(M_1^*,M_2^*)}$$
$$h = (OR - PQ)|_{(M_1^*,M_2^*)}$$

根据劳斯-赫尔维茨稳定性判据（Routh-Hurwitz stability criterion）可知，平衡点(M_1^*,M_2^*)的稳定条件为

$$\begin{cases} g > 0 \\ h > 0 \end{cases} \tag{5-30}$$

当平衡点$(M_1^*,M_2^*)=(0,0)$时，雅克比矩阵为

$$J(0,0) = \begin{bmatrix} a_1V & 0 \\ 0 & b_1 \end{bmatrix}$$

$$g = -(a_1V + b_1), h = a_1Vb_1$$

由于a_1, V, $b_1 > 0$，所以$g < 0$, $h > 0$。

因此，平衡点$(0,0)$不满足稳定条件。

在正平衡点(M_1^*,M_2^*)处，有

$$O = a_1\left(V + \frac{3nM_1^{*2}}{V}\right) - \left[2a_1(n+1)M_1^* + \frac{a_2M_2^*}{(1+a_3M_1^*)^2}\right]$$

$$P = -\frac{a_2 M_1^*}{1+a_3 M_1^*}$$

$$Q = -\frac{b_2 M_2^*}{(1+a_3 M_1^*)^2}$$

$$R = b_1 + \frac{b_2 M_1^*}{1+a_3 M_1^*} - \frac{2b_1 m M_2^*}{V}$$

对应特征多项式方程为

$$\lambda^2 - (O+R)\lambda + OR - PQ = 0 \quad (5\text{-}31)$$

假设式（5-31）存在复共轭虚根，形式为λ=μ±ωi，并将其代入式（5-31），则有

$$\begin{cases} \mu^2 - \omega^2 - \mu(O+R) + OR - PQ = 0 \\ 2\mu = O+R \end{cases}$$

整理化简，可得

$$\begin{cases} \mu = (O+R)/2 \\ \omega = \pm\sqrt{OR - PQ - \dfrac{(O+R)^2}{4}} \end{cases} \quad (5\text{-}32)$$

当 $\mu=0$ 时，Hopf 分岔发生在 (M_1^*, M_2^*)，并且所有解的曲线都位于 $\omega^2=OR-PQ$，其中 $OR-PQ>0$。

当 $\mu>0$ 时，在平衡点 (M_1^*, M_2^*) 周围的解曲线都是螺旋向外走，表明平衡点不是稳定点。

当 $\mu<0$ 时，在平衡点 (M_1^*, M_2^*) 周围的解曲线都是螺旋向内走，表明平衡点是稳定点。

第四节　在线社交网络双信息传播模型仿真分析

为了检验在线社交网络双信息传播模型的可预测性，验证理论假设，本节基于Mathmatica平台，通过改变初始条件、固定参数、系统承载能力和控制参数以测试系统对小扰动的敏感性，考察了信息二和信息一随模型系统参数变化的演化过程和交互结果。

一、渐进稳定性分析

理想稳定点是刻画在线社交网络双信息传播处于竞争合作稳定状态的重要特征。如图5-3所示，分析了在线社交网络双信息传播模型中信息一和信息二的变化情况。这里系统参数设置为$M_1(0)=0.01$，$M_2(0)=0.002$，$a_1=0.06$，$b_1=0.039$，$V=10$，$a_2=0.023$，$b_2=0.06$，$a_3=0.3$，$n=0.79$，$m=0.68$。此时，双信息传播模型系统稳定且信息一和信息二处于竞争合作的稳定交互动态。

从图5-3 a）可以看出，随着时间的推移，信息一传播者M_1的数量先增加，后减少；信息二传播者M_2的数量刚开始增长缓慢，随后急剧增加；最后信息一传播者M_1的数量和信息二传播者M_2的数量达到竞争合作的稳定状态，不再发生变化。从图5-3b）可以看出，刚开始，信息一传播者M_1的数量一直增加，与此同时，信息二传播者M_2的数量一直不变；随后信息二传播者M_2的数量急剧增加，信息一传播者M_1的数量开始减少；最后信息二传播者M_2和信息一传播者M_1趋于同一个点，即竞争合作稳定点。

图5-3的结果表明，信息二的传播可以控制信息一的大规模传播，并且二者可以达到竞争合作的稳定点。因此，在线社交网络中的权威机构或者专家可以发布真实信息，从而获得更多的信息二传播者，并保持更长时间的吸引力。这同时也证明了在特定时间发布信息二对于减少信息一的负面影响非常重要。

a）系统在平衡点邻域内局部稳定的时间图　　　　b）系统在平衡点邻域内局部稳定的相位图

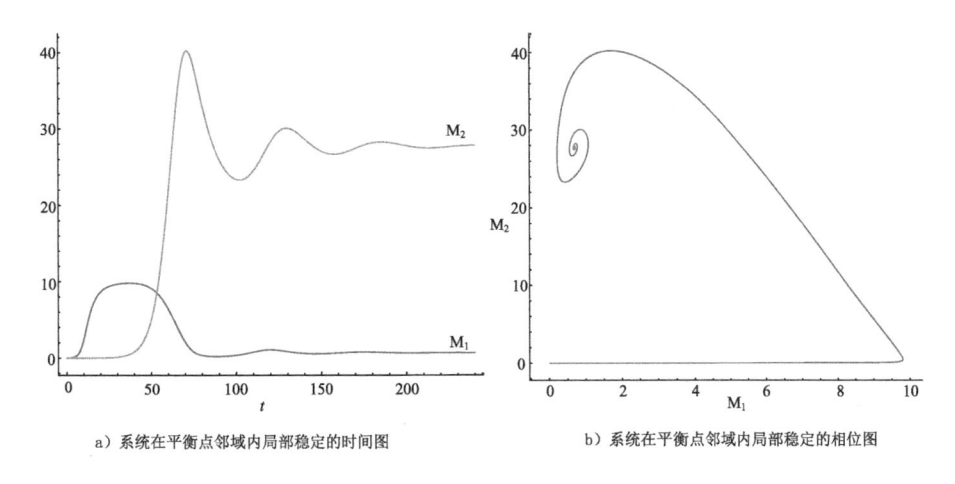

图5-3　系统在平衡点邻域内局部稳定

Fig.5-3　System local stability at the steady state equilibrium neighborhood

二、模型参数对系统稳定性分析

（一）初始值、系统承载能力和控制参数对系统稳定性的影响

周期解和极限环是刻画在线社交网络双信息传播处于竞争合作状态的重要特征。如图5-4所示，分析了在线社交网络双信息传播模型中信息二和信息一的变化情况。这里系统参数设置为$M_1(0)=0.39$，$M_2(0)=0.01$，$a_1=0.06$，$b_1=0.039$，$V=30$，$a_2=0.023$，$b_2=0.06$，$a_3=0.3$，$n=0.9$，$m=0.8$。此时，双信息传播模型系统稳定且信息二和信息一处于竞争合作的交互动态。

从图5-4可以发现，初始值、系统承载能力和控制参数的变化对系统稳定性产生显著的影响，并且双信息传播模型系统表现出丰富的动力学行为和强大的系统稳定性。从图5-4 a）可以发现，随着时间的推移，信息一传播者M_1的数量先增加，信息二传播者M_2的数量过了一段时间后才开始急剧增加，随后信息一传播者M_1的数量和信息二传播者M_2的数量出现了周期性的波动起伏。从图5-4 b）可以看出，刚开始，信息一传播者M_1的数量一直增加，与此同时，信息二传播者M_2的数量一直不变；随后信息二传播者M_2的数量急剧增加，信息一传播者M_1的数量开始减少；最后信息二传播者M_2和信息一传播者M_1在极限环上运转，即系统处于稳定状态。

a) 系统在平衡点邻域内局部稳定的时间图
b) 系统在平衡点邻域内局部稳定的相位图

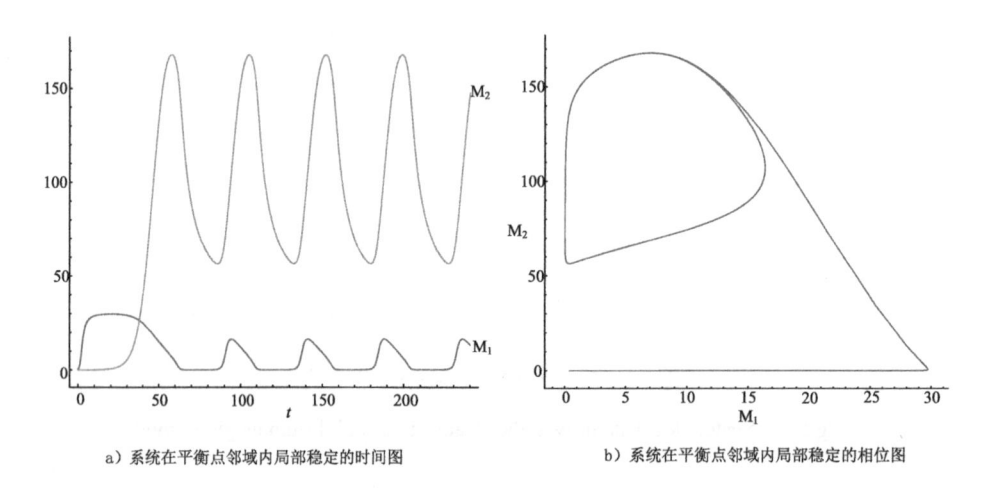

图5-4 系统在平衡点附近存在周期解和极限环

Fig.5-4 Existence of periodic solutions and limit cycle at the steady state equilibrium neighborhood

图5-4的结果意味着，信息二的传播可以控制信息一的大规模传播，并且双信息可以形成相对稳定的竞争合作关系。因此，在线社交网络双信息传播模型系统可以应用于初始值、系统承载能力和控制参数不同的情况下，并且可以保持系统的稳定。

（二）初始值、固定参数和系统承载能力对系统稳定性的影响

周期解和极限环是刻画在线社交网络双信息传播处于竞争合作状态的重要特征。如图5-5所示，分析了在线社交网络双信息传播模型中信息二和信息一的变化情况。这里系统参数设置为$M_1(0)=0.09$，$M_2(0)=0.02$，$a_1=0.07$，$b_1=0.015$，$V=60$，$a_2=0.023$，$b_2=0.06$，$a_3=0.3$，$n=0.9$，$m=0.8$。此时，双信息传播模型系统稳定且信息二和信息一处于竞争合作的交互动态。

从图5-5可以看出，初始值、固定参数和系统承载能力的变化对系统稳定性产生显著的影响，并且双信息传播模型系统表现出丰富的动力学行为和强大

的系统稳定性。从图5-5 a）可以看出，随着时间的推移，信息一传播者M_1的数量先增加，并且信息一传播者M_1振荡幅度是图5-4 a）中信息一传播者M_1振荡幅度的差不多2倍；信息二传播者M_2的数量过了一段时间后才开始急剧增加，并且信息二传播者M_2振荡幅度是图5-4 a）中信息二传播者M_2振荡幅度的差不多7倍；随后信息一传播者M_1的数量和信息二传播者M_2的数量出现了周期性的波动起伏。从图5-5 b）可以看出，刚开始，信息一传播者M_1的数量一直增加，与此同时，信息二传播者M_2的数量一直不变；随后信息二传播者M_2的数量急剧增加，信息一传播者M_1的数量开始减少；最后信息二传播者M_2和信息一传播者M_1在极限环上运转，即系统处于稳定状态，并且图5-5 b）中极限环与图5-4 b）中极限环相比明显大。

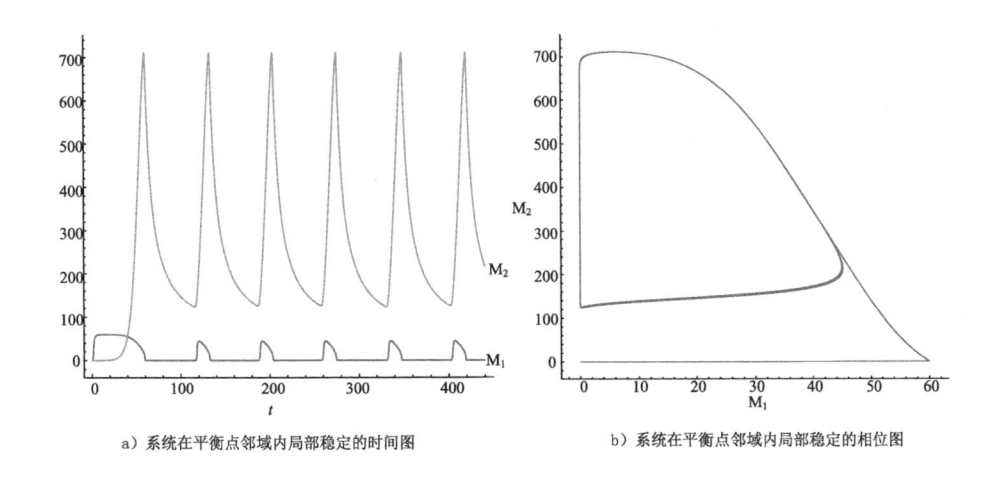

a）系统在平衡点邻域内局部稳定的时间图

b）系统在平衡点邻域内局部稳定的相位图

图5-5 系统在平衡点附近存在周期解和极限环

Fig.5-5 Existence of periodic solutions and limit cycle at the steady state equilibrium neighborhood

图5-5的结果表明，信息二的传播可以控制信息一的大规模传播，并且双信息可以形成相对稳定的竞争合作关系。因此，在线社交网络双信息传播模型系统可以应用于初始值、固定参数和系统承载能力不同的情况下，并且可以保持系统的稳定。

(三)初始值、固定参数、系统承载能力和控制参数对系统稳定性的影响

周期解和极限环是刻画在线社交网络双信息传播处于竞争合作状态的重要特征。如图5-6所示,分析了在线社交网络双信息传播模型中信息二和信息一的变化情况。这里系统参数设置为$M_1(0)=0.6$, $M_2(0)=0.02$, $a_1=0.07$, $b_1=0.039$, $V=30$, $a_2=0.023$, $b_2=0.06$, $a_3=0.13$, $n=0.49$, $m=0.68$。此时,双信息传播模型系统稳定且信息二和信息一处于竞争合作的交互动态。

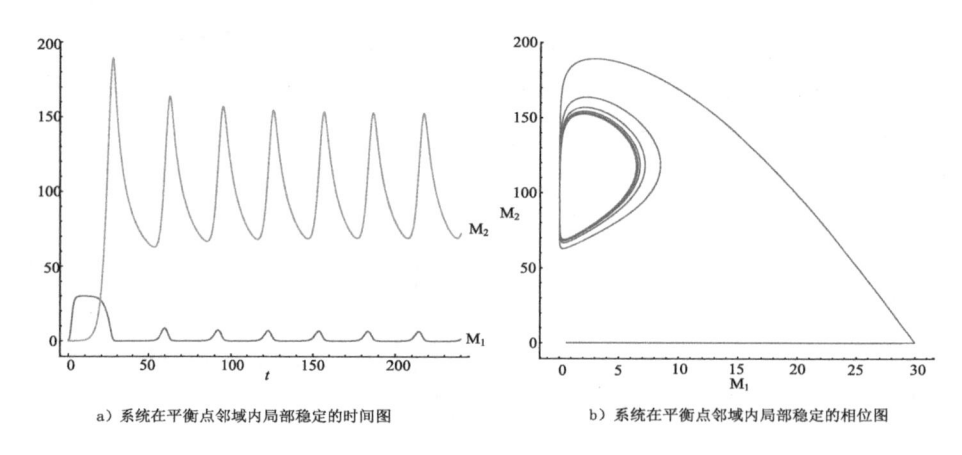

a) 系统在平衡点邻域内局部稳定的时间图

b) 系统在平衡点邻域内局部稳定的相位图

图5-6 系统在平衡点附近存在周期解和极限环

Fig.5-6 Existence of periodic solutions and limit cycle at the steady state equilibrium neighborhood

从图5-6可以发现,初始值、固定参数、系统承载能力和控制参数的变化对系统稳定性产生显著的影响,并且双信息传播模型系统表现出丰富的动力学行为和强大的系统稳定性。从图5-6 a)可以发现,随着时间的推移,信息一传播者M_1的数量先增加,信息二传播者M_2的数量过了一段时间后才开始急剧增加,双信息的振荡幅度都变小了;从图5-5 b)可以发现,刚开始,信息一传播者M_1的数量一直增加,与此同时,信息二传播者M_2的数量一直不变;随后信息二传播者M_2的数量急剧增加,信息一传播者M_1的数量开始减少;最后信息二传播者M_2和信息一传播者M_1在较小的极限环上运转,即系统处于稳定状态。

图5-6的结果表明,信息二的传播可以控制信息一的大规模传播,并且双

信息可以形成相对稳定的竞争合作关系。因此，在线社交网络双信息传播模型系统可以应用于初始值、固定参数、系统承载能力和控制参数不同的情况下，并且可以保持系统的稳定。

（四）控制参数对系统稳定性的影响

周期解和极限环是刻画在线社交网络双信息传播处于竞争合作状态的重要特征。如图5-7所示，分析了在线社交网络双信息传播模型中信息二和信息一的变化情况。这里系统参数设置为$M_1(0)=0.6$，$M_2(0)=0.02$，$a_1=0.07$，$b_1=0.039$，$V=30$，$a_2=0.023$，$b_2=0.06$，$a_3=0.13$，$n=0.9999$，$m=0.68$。此时，双信息传播模型系统稳定，且信息二和信息一处于竞争合作的交互动态。

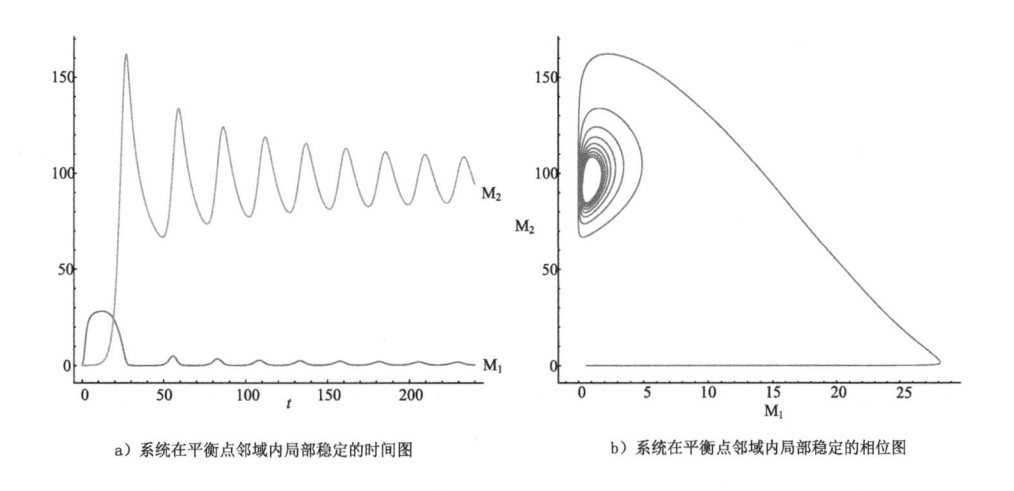

a）系统在平衡点邻域内局部稳定的时间图

b）系统在平衡点邻域内局部稳定的相位图

图5-7 系统在平衡点附近存在周期解和极限环

Fig.5-7 Existence of periodic solutions and limit cycle at the steady state equilibrium neighborhood

从图5-7可以看出，控制参数的变化对系统稳定性产生显著的影响，并且双信息传播模型系统表现出丰富的动力学行为和强大的系统稳定性。从图5-7 a）可以看出，随着时间的推移，信息一传播者M_1的数量先增加，信息二传播者M_2的数量过了一段时间后才开始急剧增加，双信息的振荡幅度都变小了；从图5-5 b）可以看出，刚开始，信息一传播者M_1的数量一直增加，与此同时，信息二传播者M_2的数量一直不变；随后信息二传播者M_2的数量急剧增加，信息一传播者M_1的数量开始减少；最后信息二传播者M_2和信息一传播者M_1在较小的极限环上运转，即系统处于稳定状态。

图5-7的结果意味着，信息二的传播可以控制信息一的大规模传播，并且双信息可以形成相对稳定的竞争合作关系。因此，在线社交网络双信息传播模型系统可以应用于控制参数不同的情况下，并且可以保持系统的稳定。

第五节　在线社交网络双信息传播实证研究

一、新浪微博数据抓取及分析

本节利用北京大学可视化与可视分析研究组开发的PKUVIS工具抓取新浪微博转发数据，分析双信息竞争合作传播模型的应用效果。2014年文章与姚笛地下情曝光后，在周一（3月31日）凌晨，文章和马伊琍在微博"周一见"中，文章发文承认出轨，称自己咎由自取，随后马伊琍回应：婚姻不易，且行且珍惜。文章和马伊琍的微博被粉丝转发，还有粉丝交叉观看两人的微博，事件从3月31号大致持续到4月30号，因此本书主要抓取这个时间段文章和马伊琍发布微博的转发数据。

根据抓取的数据，分别计算文章微博信息和马伊琍微博信息的固有增长率，这里固有增长率的计算方法是：利用当天阅读微博信息人数减去前一天阅读微博信息人数，再除以前一天阅读微博信息人数，最后取所有固有增长率的平均值。根据上述算法，可以分别求出a_1=0.03，b_1=0.9。利用手头的数据，求解a_2、b_2、a_3是非常具有挑战性的。为了便于研究，本书将阅读文章微博信息和马伊琍微博信息的人数调整到100人。

二、新浪微博数据实证分析

（一）渐进稳定系数

极限环是刻画在线社交网络双信息传播处于系统稳定状态的重要参数。如图5-8所示，分析了阅读新浪文章微博信息和马伊琍微博信息人数的变化情况。这里系统参数设置为$M_1(0)=20$，$M_2(0)=1$，$a_1=0.03$，$b_1=0.9$，$V=100$，$a_2=0.16$，$b_2=0.07$，$a_3=0.32$，$n=0.99$，$m=0.2$。此时，阅读新浪文章微博信息和马伊琍微博信息用户处于模型系统稳定状态。

从图5-8 a）可以看出，随着时间的推移，文章微博信息传播者M_1的数量先增加，马伊琍微博信息传播者M_2的数量过了一段时间后才开始急剧增加，随后文章微博信息传播者M_1的数量和马伊琍微博信息传播者M_2的数量出现了周期性的波动起伏。从图5-8 b）可以看出，刚开始，文章微博信息传播者M_1的数量一直增加，与此同时，马伊琍微博信息传播者M_2的数量一直不变；随后马伊琍微博信息传播者M_2的数量急剧增加，文章微博信息传播者M_1的数量开始减少；最后马伊琍微博信息传播者M_2和文章微博信息传播者M_1在极限环上运转，即系统处于稳定状态。

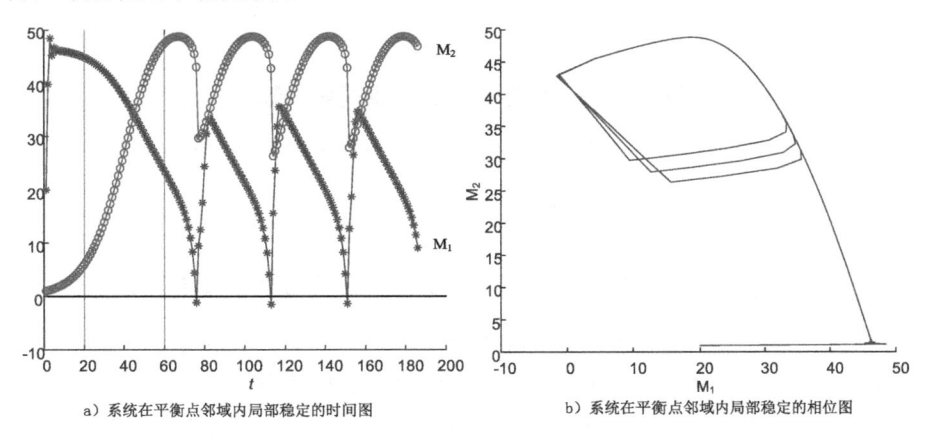

a）系统在平衡点邻域内局部稳定的时间图　　　b）系统在平衡点邻域内局部稳定的相位图

图5-8　系统在平衡点附近存在周期解和极限环

Fig.5-8　Existence of periodic solutions and limit cycle at the steady state equilibrium neighborhood

（二）初始值、交互参数和控制参数对系统稳定性的影响

极限环是刻画在线社交网络双信息传播处于系统稳定状态的重要参数。如图5-9所示，分析了阅读新浪文章微博信息和马伊琍微博信息人数的变化情况。这里系统参数设置为$M_1(0)=19$，$M_2(0)=4$，$a_1=0.03$，$b_1=0.9$，$V=100$，$a_2=0.58$，$b_2=0.03$，$a_3=0.03$，$n=0.03$，$m=0.9$。此时，阅读新浪文章微博信息和马伊琍微博信息用户处于模型系统稳定状态。

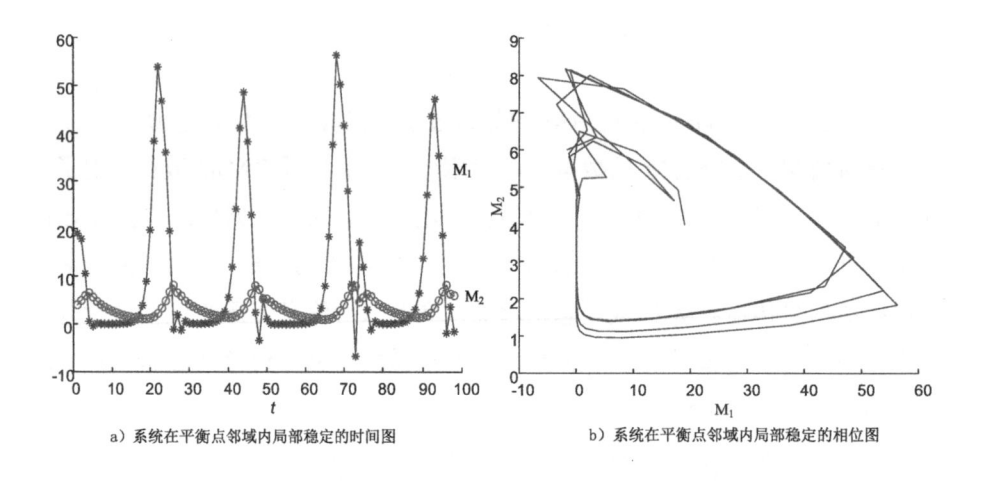

a）系统在平衡点邻域内局部稳定的时间图

b）系统在平衡点邻域内局部稳定的相位图

图5-9　系统在平衡点附近存在周期解和极限环

Fig.5-9　Existence of periodic solutions and limit cycle at the steady state equilibrium neighborhood

从图5-9可以看出，初始值、交互参数和控制参数的变化对系统稳定性产生显著的影响，并且双信息传播模型系统表现出丰富的动力学行为和强大的系统稳定性。从图5-9 a）可以看出，文章微博信息传播者M_1的数量振荡幅度较大，马伊琍微博信息传播者M_2的数量振荡幅度较小；从图5-9 b）可以看出，文章微博信息传播者M_1和马伊琍微博信息传播者M_2在较大的极限环上运转，即系统处于稳定状态。

（三）交互参数和控制参数对系统稳定性的影响

极限环是刻画在线社交网络双信息传播处于系统稳定状态的重要参数。如图5-10所示，分析了阅读新浪文章微博信息和马伊琍微博信息人数的变化情况。这里系统参数设置为$M_1(0)=19$，$M_2(0)=4$，$a_1=0.03$，$b_1=0.9$，$V=100$，$a_2=0.3$，$b_2=0.03$，$a_3=0.13$，$n=0.7$，$m=0.01$。此时，阅读新浪文章微博信息和马伊琍微博信息用户处于模型系统稳定状态。

从图5-10可以看出，交互参数和控制参数的变化对系统稳定性产生显著的影响，并且双信息传播模型系统表现出丰富的动力学行为和强大的系统稳定性。从图5-10 a）可以看出，文章微博信息传播者M_1的数量振荡幅度变化较小，马伊琍微博信息传播者M_2的数量振荡幅度变化较大；从图5-10 b）可以看出，文章微博信息传播者M_1和马伊琍微博信息传播者M_2在较大的极限环上运转，即系统处于稳定状态。

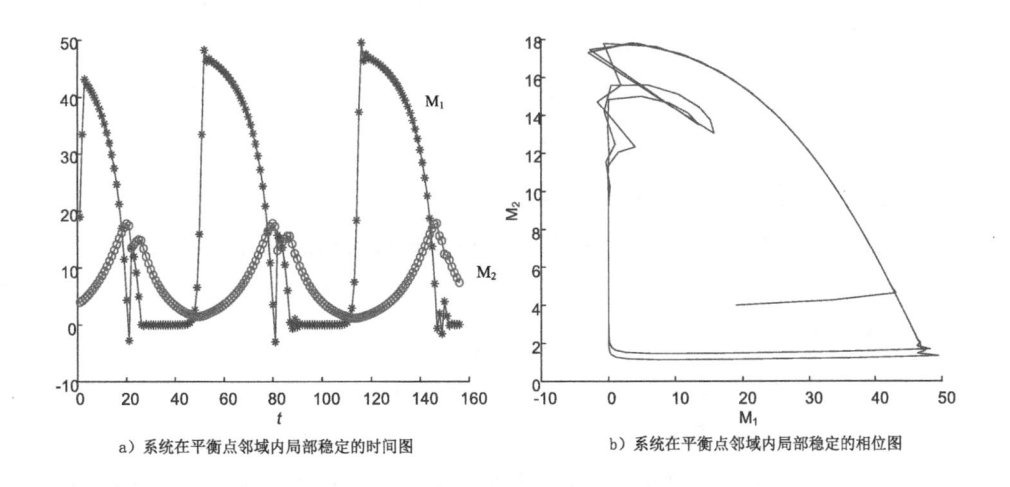

a）系统在平衡点邻域内局部稳定的时间图　　b）系统在平衡点邻域内局部稳定的相位图

图5-10　系统在平衡点附近存在周期解和极限环

Fig.5-10　Existence of periodic solutions and limit cycle at the steady state equilibrium neighborhood

三、复合机制下在线社交网络双信息传播规律与启示

上述实证结果表明,竞争合作复合机制对网络用户的传播行为具有显著影响。真实信息与谣言信息的竞争合作相互作用,可以抑制谣言大规模肆意传播,使谣言信息仅仅在一定范围内进行传播。由此得出复合机制下在线社交网络双信息传播的规律与启示。

(1)谣言传播中期,增加真实信息吸引力可以控制谣言信息在一定范围内传播。真实信息的吸引力越强,传播真实信息的网络用户人数就越多,与此同时,在好奇心的驱使下,网络用户更有可能去查看相关的谣言信息内容。同理当谣言信息的吸引力很强的时候,好奇心也驱使谣言传播者查看相关真实信息内容。这一规律启示政府或者媒体发布具有较强吸引力的真实信息,这就要求发布的内容具有如下特点:一是题目新颖且与众不同;二是语言表达中词语贴切,逻辑清晰,思维缜密。此外,发布的真实信息涵盖的内容具有如下特点:一是尽量与更多的网络用户的日常生活息息相关,比如,真实信息和谣言信息的争论最好有助于改变人们对于过去的某些习惯,或者对某些话题形成新的看法或者解决方案;二是尽量与构建社会主义核心价值观相联系,从国家、社会、个人三个维度来探讨人们生活、工作中的问题以及改善办法,提高网络用户的参与度,共同营造良好网络生态环境。

(2)谣言传播中期,增加网络用户转发真实信息的行为可以控制谣言信息在一定范围内传播。这一规律启示政府或者媒体面对谣言信息传播时,应充分发挥对网络用户转发真实信息行为的引导作用,可以通过网络电视、网页以及各种社交平台发表真实信息,在抖音、快手等平台直播或者录制视频,有效引导网络用户正确认识真实信息和谣言信息,正常浏览和阅读真实信息和谣言信息,不断提升网络用户的辨别能力和知识水平,避免出现谣言肆意传播的恶性事件。此外,充分发挥在线社交网络意见领袖的"风向标"作用,意见领袖对网络用户的行为和思想观念产生重要影响,政府或者媒体有计划地培养各个领域的意见领袖,并不断提升这些高影响力用户的道德责任、法律意识以及专业知识,为传播真实信息打下基础,时刻传播社会主义核心价值观和爱国主义。例如2020上半年,随着新冠肺炎疫情在全球蔓延,一些国家开始限制或者禁止

粮食出口,造成国际粮价上涨,随后,"中国粮食供应面临危机"的谣言消息开始在网上传播,很多人开始疯狂囤粮。直到4月2日商务部消费促进司副司长王斌在发布会上回应称,中国口粮完全可以实现自给自足,不进口也不会导致国内粮食供给短缺,消费者无须囤粮。

(3)谣言传播中期,增强网络用户对真实信息的兴趣可以控制谣言信息在一定范围内传播。这一规律启示政府或者媒体及时发布真实信息,并为网络用户之间的互动创造条件和平台。一方面,政府或媒体建立实时监测网络动态信息的机制,发现谣言信息后,第一时间发布真实信息,有效控制谣言的大规模肆意传播,同时,对于一些虚假有害信息直接采取过滤和删除措施,对于情节严重的,追究信息传播者的法律责任,采取相应的劝导或者惩罚措施。另一方面,对于一些容易引起网络用户热议的话题,政府或媒体可以在官方网站、抖音、快手等网络平台发布真实信息,并设立讨论区供网络用户阐述观点;同时,政府或媒体可以参与网络用户之间的讨论,实时解答用户的疑问或者直接给出话题的真实信息,如果是关于话题的观念,可以引导网络用户树立积极正能量的社会主义核心价值观。

第六节 本 章 小 结

本章基于种群动力学方法,研究了在线社交网络双信息传播过程中竞争合作复合机制。通过构建在线社交网络双信息种群动力学模型,探索双消息传播过程中的竞争合作复合机制对双信息传播稳定点以及系统稳定性的影响。稳定性分析发现该模型存在周期轨道和极限环,初始值、固定参数、交互参数、系统承载能力和控制参数都会对系统的稳定性产生显著的影响,系统表现出丰富的动力学行为和强大的系统稳定性。数值仿真结果表明,信息二的传播可以干预信息一的大规模传播,并且双信息可以形成相对稳定的竞争合作关系。因此,在线社交网络双信息传播模型系统可以应用于初始值、固定参数、交互参数、系统承载能力和控制参数不同的情况下,并且可以保持系统的稳定并通过新浪微博数据仿真验证了上述理论结果的正确性。

第六章　考虑延时的在线社交网络双信息传播建模

本书第五章从复合机制层面研究了在线社交网络双信息传播过程，本章在第五章的基础上将双信息中真实信息即时发布进一步优化为延时发布，分析延时对在线社交网络双信息传播过程的影响。实际上，双信息传播不仅会受到单一机制和复合机制的影响，而且实际情况是真实信息的发布常常滞后于谣言信息的传播。因此，将延时引入社交网络双信息传播过程，研究社交网络双信息传播现象具有重大意义。

本章基于种群动力学方法，引入延时参数构建双信息竞争合作模型，建立双信息传播延时微分动力学方程组，分析系统局部稳定性和全局稳定性，并求解双信息竞争合作传播过程中的局部稳定点和全局稳定点，最后通过 Mathematica 软件仿真模拟，揭示在线社交网络双信息传播的内在机理和传播规律。

第一节　延时问题分析

在线社交网络平台的谣言信息一般会持续存在一段时间，并且真实信息的发布常常滞后于谣言信息的传播，而且谣言会在真实信息发布后的一段时间内继续增加传播者。然而现有研究在分析双信息传播过程时往往忽略延时对双信息传播的影响，故不能精准刻画社交网络真实信息对谣言信息的影响过程。

当前，国内外学者对双信息延时传播的研究已取得了丰富的理论成果。考虑到双信息发布时间的不一致，很多研究基于延时模型研究双信息传播问题。然而，这些研究主要研究谣言信息与免疫接种[194]或者两个不同发布时间的谣言[196]问题，而忽略了真实信息发布延时对谣言信息传播的影响。在线社交网络中双信息传播存在竞争合作的交互影响，同时也存在真实信息发布往往落后于谣言信息的传播的现象，而且谣言会在真实信息发布后一段时间内继续增加传播者。尽管国内学者从不同角度对网络双信息延时传播问题进行了研究，但是分析双信息竞争合作关系同时存在，且真实信息发布滞后与谣言信息传播，如何控制真实信息和谣言信息达到稳定状态的研究较少。

根据上述分析，本章将真实信息的吸引力和权威性，谣言信息的吸引力，用户对真实信息和谣言信息的遗忘、兴趣衰减以及新谣言信息的出现等因素纳入在线社交网络双信息传播模型，借鉴种群动力学理论方法研究社交网络双信息传播问题，构建在线社交网络双信息时滞种群动力学方程组，分析双信息传播系统的局部稳定性和全局稳定性，并进一步求解系统的局部稳定点和全局稳定点，仿真分析历史函数、初始值、延时参数对双信息传播的影响，揭示考虑延时的在线社交网络双信息传播规律。

第二节 基于延时的在线社交网络双信息传播模型构建

在线社交网络中双信息传播过程与自然界中两种群增长过程类似，因此本章引入两种群微分动力学方程组研究双信息在社交网络中的传播规律，考虑到真实信息发布往往落后于谣言信息的传播，加入延时参数到种群动力学模型中。本节首先描述了双信息传播过程中的延时问题，然后根据真实信息的延时性建立双信息传播的捕食者-猎物模型。

一、基于延时的双信息传播系统描述

在线社交网络中双信息传播存在竞争合作的交互影响，同时也存在真实

信息发布往往落后于谣言信息的传播的现象，而且谣言会在真实信息发布后一段时间内继续增加传播者；同时考虑到真实信息的吸引力和权威性、谣言信息的吸引力、用户对真实信息和谣言信息的遗忘、兴趣衰减以及新谣言信息的出现等因素对社交网络双信息传播的影响，本章主要研究关于同一主题的延时真实信息和谣言信息双信息传播问题，分析延时对社交网络双信息传播稳定性的影响。

假设在线社交网络中传播谣言信息的用户数量是 X，传播真实信息的用户数量是 Y。假设系统具有无限资源，并且与基于 Lotka-Volterra 的经典模型一样，所有资源对每个实体都是可用的和可访问的，从而加剧了种群之间的竞争。假设传播真实信息的用户都是传播谣言信息的用户，所以当传播谣言信息的用户很多时，传播真实信息的用户增长很快，这取决于内容的吸引力和内容的权威性。在自然界中，猎物的强大存在可能表明它有能力逃脱捕食或自卫，这也可能表明它对变化的适应，比如人们在好奇心的驱使下更倾向于搜索和阅读流行谣言或权威信息。对于具有一般认知能力或辨别能力的人来说，谣言可能会显得更有吸引力和说服力。为了考虑这些观测结果，我们在提出的系统的相互作用项中使用了一个延时参数，延时交互项表示谣言的过去历史或吸引力，延时也表示真实信息需要时间来说服人们，并从积极反馈的意见中获益。

二、基于延时的双信息传播捕食者-猎物模型

根据上述分析，建立基于延时的在线社交网络双信息传播捕食者-猎物模型：

$$\frac{\mathrm{d}X(t)}{\mathrm{d}t} = r_1 X(t)(a - X(t)) - bX(t-\tau)Y(t) - cX^3(t) \tag{6-1}$$

$$\frac{\mathrm{d}Y(t)}{\mathrm{d}t} = r_2 X(t)(t-\tau)Y(t) - cX^2(t) \tag{6-2}$$

$\tau > 0$；$X(t)\Phi(t) > 0$；$X(0) > 0$，$Y(0) > 0$

其中，r_1 表示谣言信息的固有增长率；a 表示谣言信息的控制参数，控制谣

言信息的增长速度；r_2表示真实信息发布后，谣言信息和真实信息交互作用对真实信息传播的促进作用，即真实信息的增长率；b表示真实信息发布后谣言信息和真实信息交互作用对谣言信息的抑制作用，即谣言信息的交互衰减率；c表示由于用户对谣言信息的遗忘、兴趣衰减以及新谣言信息的出现等因素的影响，谣言传播者减少，即谣言传播者自然衰减率；e表示由于用户对真实信息的遗忘、兴趣衰减以及新真实信息的出现等因素的影响，真实信息传播者减少，即真实信息传播者自然衰减率；$\Phi(t)$表示真实信息在时间τ时刻发布之前，谣言传播者记录，即初始数据或者过去的历史；τ表示真实信息发布的时刻，与真实信息发布时间成正比，即真实信息发布越晚，τ值越大，真实信息发布越早，τ值越小。

第三节　基于延时的在线社交网络双信息传播模型分析

根据式（6-1）和式（6-2），可以分析在线社交网络双信息传播过程中系统的稳定性，首先分析双信息传播自治系统的稳定性，然后分析双信息传播延时系统的稳定性。

一、自治系统的平衡点

当$\tau=0$时，式（6-1）和式（6-2）可以写成：

$$\frac{dX(t)}{dt} = r_1 X(t)(a - X(t)) - bX(t)Y(t) - cX^3(t) = f_1(X(t), Y(t)) \quad (6-3)$$

$$\frac{dY(t)}{dt} = r_2 X(t)Y(t) - eY^2(t) = f_2(X(t), Y(t)) \quad (6-4)$$

当$f_1(X(t), Y(t)) > 0$，$f_2(X(t), Y(t)) > 0$时，有

$$r_1 X(t)(a - X(t)) - bX(t)Y(t) - cX^3(t) > 0 \quad (6-5)$$

$$r_2 X(t)Y(t) - eY^2(t) > 0 \tag{6-6}$$

整理化简，可得

$$cX^2(t) + r_1 X(t) - \varepsilon < 0 \tag{6-7}$$

$$0 < \varepsilon = r_1 a - bY(t) \tag{6-8}$$

$$Y(t) < \frac{r_1 a}{b} \tag{6-9}$$

$$0 < Y(t) < \frac{r_2 X(t)}{e} \tag{6-10}$$

因为 $c>0$，所以进一步化简，可以得到

$$\frac{-r_1 - \sqrt{r_1^2 + 4c\varepsilon}}{2c} < X(t) < \frac{-r_1 + \sqrt{r_1^2 + 4c\varepsilon}}{2c} \tag{6-11}$$

综上所述，可知

$$0 < Y(t) < \frac{r_1}{b} \tag{6-12}$$

$$\frac{-r_1 - \sqrt{r_1^2 + 4c\varepsilon}}{2c} < X(t) < \frac{-r_1 + \sqrt{r_1^2 + 4c\varepsilon}}{2c} \tag{6-13}$$

当 $f_1(X(t),Y(t)) < 0$，$f_2(X(t),Y(t)) > 0$ 时，有

$$r_1 X(t)(a - X(t)) - bX(t)Y(t) - cX^3(t) < 0 \tag{6-14}$$

$$r_2 X(t)Y(t) - eY^2(t) > 0 \tag{6-15}$$

整理化简，可得

$$cX^2(t) + r_1 X(t) + bY(t) - r_1 a > 0 \tag{6-16}$$

$$r_2 X(t) - eY(t) > 0 \tag{6-17}$$

因为 $c>0$，所以进一步化简，可以得到

$$\frac{-r_1 + \sqrt{r_1^2 - 4c(bY(t) - r_1 a)}}{2c} < X(t) \tag{6-18}$$

综上所述，可知

$$0 < Y(t) < \frac{r_2 X(t)}{e} \tag{6-19}$$

$$\frac{-r_1 + \sqrt{r_1^2 - 4c(bY(t) - r_1 a)}}{2c} < X(t) \tag{6-20}$$

$$0 < Y(t) < \frac{r_1^2 + 4car_1}{4cb} \tag{6-21}$$

这意味着传播真实信息的用户数量逐渐增加，传播谣言信息的用户数量逐渐减少，这也表明式（6-3）和式（6-4）组成的系统是有界的。

在系统(1)的相平面上，分别求 $f_1(X(t),Y(t))$ 和 $f_2(X(t),Y(t))$ 的一阶导数和二阶导数，有

$$\frac{\partial f_1}{\partial X(t)} = r_1 a - 2r_1 X(t) - bY(t) - 3cX^2(t) < r_1 a \tag{6-22}$$

$$\frac{\partial f_2}{\partial Y(t)} = r_2 X(t) - 2eY(t) < r_2 X(t) \tag{6-23}$$

$$\frac{\partial^2 f_1}{\partial X^2(t)} = -2r_1 - 6cX(t) \tag{6-24}$$

$$\frac{\partial^2 f_2}{\partial Y^2(t)} = -2e \tag{6-25}$$

根据利普希茨连续条件（Lipschitz continuity），系统所有正解都是有定义的，有界的，唯一的。

进一步求解系统的散度，有

$$\nabla(f_1, f_2) = \frac{\partial f_1}{\partial X(t)} + \frac{\partial f_2}{\partial Y(t)} = r_1 a + r_2 X(t) - (2r_1 X(t) + bY(t) + 3cX^2(t) + 2eY(t)) \neq 0$$

(6-26)

很显然，当改变参数值时，系统的散度可以改变正负，所以，根据庞加莱-本迪克松定理可知，式（6-3）和式（6-4）组成的系统在相平面上存在周期解。

进一步求解系统拉普拉斯算子，有

$$\nabla^2(f_1,f_2) = \frac{\partial^2 f_2}{\partial Y^2(t)} + \frac{\partial^2 f_1}{\partial X^2(t)} = -2(e + r_1 + 3cX(t)) < 0 \quad (6\text{-}27)$$

拉普拉斯算子小于0，这说明系统靠近稳定点，其数值大小表明靠近稳定点速度的快慢程度。

求解式（6-3）和式（6-4）组成的系统，有

$$\frac{dX(t)}{dt} = r_1 X(t)(a - X(t)) - bX(t)Y(t) - cX^3(t) = 0 \quad (6\text{-}28)$$

$$\frac{dY(t)}{dt} = r_2 X(t)Y(t) - eY^2(t) = 0 \quad (6\text{-}29)$$

将 $Y^* = r2x^*/e$ 代入式（6-28），整理化简式（6-28）和式（6-29），解得

$$X^* = \frac{1}{2c}\left(r_1 + \frac{br_2}{e} - \sqrt{\left(r_1 + \frac{br_2}{e}\right)^2 + 4acr_1}\right) \quad (6\text{-}30)$$

$$Y^* = \frac{r_2}{2ce}\left(r_1 + \frac{br_2}{e} - \sqrt{\left(r_1 + \frac{br_2}{e}\right)^2 + 4acr_1}\right) \quad (6\text{-}31)$$

结果表明，当谣言传播者和真实信息传播者处于竞争合作状态时，自治模型系统存在一个正平衡点。

二、自治系统稳定性分析

当 $\tau=0$ 时，令自治系统的雅克比矩阵为

$$J = \begin{bmatrix} O & P \\ Q & R \end{bmatrix}$$

其中：
$$O = r_1a - 2r_1X(t) - bY(t) - 3cX^2(t)$$
$$P = -bX(t)$$
$$Q = r_2Y(t)$$
$$R = r_2X(t) - 2eY(t)$$

则$T=(O+R)|(X^*,Y^*)$，$T=(OR-PQ)|(X^*,Y^*)$，根据劳斯-赫尔维茨稳定性判据（Routh-Hurwitz stability criterion），平衡点(X^*,Y^*)的稳定条件为
$$\begin{cases} T < 0 \\ D > 0 \end{cases}$$

（一）局部平衡点(0,0)

当平衡点$(X^*,Y^*)=(0,0)$时，雅克比矩阵为
$$J(0,0) = \begin{bmatrix} a_1r_1 & 0 \\ 0 & 0 \end{bmatrix}$$
$$T = a_1r_1, D = 0$$

当a_1，$r_1>0$，则$T>0$，$D>0$。因此，平衡点(0,0)不满足稳定条件。

（二）局部平衡点(X^*,Y^*)

当平衡点(X^*,Y^*)是正稳定点时，有
$$\begin{cases} T = r_1a + r_2X^* - (2r_1X^* + bY^*) + 3cX^{*2} + 2eY^* \\ D = (r_1a - 2r_1X^* - bY^* - 3cX^{*2})(r_2X^* - 2eY^*) + br_2X^*Y^* \end{cases} \quad (6-32)$$

令
$$\begin{cases} T = r_1a + r_2X^* - (2r_1X^* + bY^* + 3cX^{*2} + 2eY^*) < 0 \\ D = (r_1a - 2r_1X^* - bY^* - 3cX^{*2})(r_2X^* - 2eY^*) + br_2X^*Y^* > 0 \end{cases}$$

则正平衡点(M_1^*,M_2^*)是局部渐进稳定点，有

$$\begin{cases} r_1a < 2r_1X^* + bY^* + 3cX^{*2} \\ r_2X^* < 2eY^* \end{cases}$$

整理化简，可得

$$\begin{cases} X^* > \dfrac{-r_1 + \sqrt{r_1^2 - 3c(bY^* - r_1a)}}{3c} \\ 0 < Y^* < \dfrac{r_1^2 + 3cr_1a}{3cb} \\ \dfrac{r_2X^*}{2e} < Y^* \end{cases} \quad (6\text{-}33)$$

对应特征多项式方程为

$$\lambda^2 - T\lambda + D = 0 \quad (6\text{-}34)$$

假设特征多项式方程存在复共轭虚根，形式为 $\lambda = \alpha \pm \beta i$，则有

$$\begin{aligned} P(\lambda) &= \alpha^2 - \beta^2 + 2\alpha\beta i - \alpha(r_1a + r_2X^*) + \alpha(2r_1X^* + bY^* + 3cX^{*2} + 2eY^*) - \\ &\quad \beta i(r_1a + r_2X^*) + \beta i(2r_1X^* + bY^* + 3cX^{*2} + 2eY^*) - \\ &\quad (r_1a - 2r_1X^* - bY^* - 3cX^{*2})(r_2X^* - 2eY^*) + br_2X^*Y^* \end{aligned} \quad (6\text{-}35)$$

其中：

$$\begin{aligned} \text{Re}(\lambda) &= \alpha^2 - \beta^2 - (r_1a + r_2X^*) + a(2r_1X^* + bY^* + 3cX^{*2} + 2eY^*) + \\ &\quad (r_1a - 2r_1X^* - bY^* - 3cX^{*2})(r_2X^* - 2eY^*) + br_2X^*Y^* = 0 \end{aligned}$$

$$\text{Im}(\lambda) = 2a - (r_1a + r_2X^*) + (2r_1X^* + bY^* + 3cX^{*2} + 2eY^*) = 0$$

当 $\alpha = 0$ 时，有

$$\text{Re}(\lambda) = -\beta^2 + (r_1a - 2r_1X^* - bY^* - 3cX^{*2})(r_2X^* - 2eY^*) + br_2X^*Y^* = 0$$

$$\text{Im}(\lambda) = -(r_1a + r_2X^*) + (2r_1X^* + bY^* + 3cX^{*2} + 2eY^*) = 0$$

进一步化简，可得

$$\beta = \pm\sqrt{Q} \quad (6\text{-}36)$$

$$Q = (r_1 a - 2r_1 X^* - bY^* - 3cX^{*2})(r_2 X^* - 2eY^*) + br_2 X^* Y^* \qquad (6\text{-}37)$$

当式（6-32）和式（6-33）满足时，系统靠近平衡点时，运动曲线存在周期轨道，振动幅度取决于β绝对值的大小。

当$\alpha \neq 0$时，有

$$\alpha = 0.5[(r_1 a + r_2 X^*) - (2r_1 X^* + bY^* + 3cX^{*2} + 2eY^*)] \qquad (6\text{-}38)$$

$$\beta = \pm \sqrt{R} \qquad (6\text{-}39)$$

$$R = \alpha^2 - \alpha(r_1 a + r_2 X^*) + \alpha(2r_1 X^* + bY^* + 3cX^{*2} + 2eY^*) + \\ (r_1 a - 2r_1 X^* - bY^* - 3cX^{*2})(r_2 X^* - 2eY^*) + br_2 X^* Y^* \qquad (6\text{-}40)$$

当$\alpha > 0$时，在平衡点(M_1^*, M_2^*)周围的解曲线都是螺旋向外走，表明平衡点不是稳定点，运动曲线的振动幅度取决于β绝对值的大小。

当$\alpha < 0$时，在平衡点(M_1^*, M_2^*)周围的解曲线都是螺旋向内走，表明平衡点是稳定点，运动曲线的振动幅度取决于β绝对值的大小。

（三）全局平衡点(X^*, Y^*)

假设$V(X(t), Y(t))$是系统的一个李雅普诺夫函数（Lyapunov function），给出$V(X(t), Y(t))$如下：

$$V(X(t), Y(t)) = \frac{X^4(t)}{X(t)+1} + \frac{Y^2(t)}{Y(t)+1} + hX^2(t)Y(t) \qquad (6\text{-}41)$$

有

$$V(0,0) = 0 \qquad (6\text{-}42)$$

当$X(t) > 0, Y(t) > 0, h > 0$时，有

$$V(X(t), Y(t)) = \frac{X^4(t)}{X(t)+1} + \frac{Y^2(t)}{Y(t)+1} + hX^2(t)Y(t) > 0 \qquad (6\text{-}43)$$

对$V(X(t), Y(t))$求导，整理化简，可得

$$V'(X(t),Y(t)) = \left[\frac{3X^4(t)+4X^3(t)}{(X(t)+1)^2}+2hX(t)Y(t)\right]\left[X(t)(r_1a-r_1X(t)-bY(t)-cX^2(t))\right]+$$

$$\left[\frac{Y^2(t)+2Y(t)}{(Y(t)+1)^2}+hX^2(t)\left[Y(t)(r_2X(t)-eY(t))\right]\right]$$

(6-44)

则有

$$V'(0,0)=0$$

当 $V'(X(t),Y(t))<0$，$X(t),Y(t)>0$ 时，

$$\begin{cases}\dfrac{-r_1+\sqrt{r_1^2-4c(bY(t)-r_1a)}}{2c}<X(t)\\[2mm]\dfrac{r_2X(t)}{e}<Y(t)<\dfrac{r_1a}{b}\end{cases}$$

(6-45)

根据泰勒近似法，整理化简，有

$$V(X,Y)-V(X^*,Y^*)=\frac{\partial V}{\partial X}\Big|_{(X^*,Y^*)}(X(t)-X^*)+\frac{\partial V}{\partial Y}\Big|_{(X^*,Y^*)}(Y(t)-Y^*)+$$
$$\frac{1}{2}\frac{\partial^2 V}{\partial X^2(t)}\Big|_{(X^*,Y^*)}(X(t)-X^*)^2+\frac{1}{2}\frac{\partial^2 V}{\partial Y^2(t)}\Big|_{(X^*,Y^*)}(Y(t)-Y^*)^2+$$
$$\frac{\partial^2 V}{\partial X(t)\partial Y(t)}\Big|_{(X^*,Y^*)}(X(t)-X^*)(Y(t)-Y^*)$$

(6-46)

$$V(X(t),Y(t))-V(X^*,Y^*)=\left[\frac{3X^{*4}+4X^{*3}}{(X^*+1)^2}+2hX^*Y^*\right](X(t)-X^*)+$$
$$\left[\frac{Y^{*2}+2Y^*}{(Y^*+1)^2}+hX^{*2}\right](Y(t)-Y^*)+\frac{1}{2}\left[\frac{6X^{*4}+16X^{*3}+12X^{*2}}{(X^*+1)^3}+2hY^*\right](X(t)-X^*)^2+$$
$$\frac{1}{2}\frac{2}{(Y^*+1)^3}(Y(t)-Y^*)^2+2hX^*(X(t)-X^*)(Y(t)-Y^*)$$

令 $V(X(t),Y(t))-V(X^*,Y^*)<0$，$h\to 0$，则有

$$V(X(t),Y(t))-V(X^*,Y^*)=$$
$$(X(t)-X^*)\left[\frac{3X^{*4}+4X^{*3}}{(X^*+1)^2}+\frac{X^{*2}(3X^{*2}+8X(t)+6)}{(X^*+1)^3}(X(t)-X^*)\right]+$$
$$(Y(t)-Y^*)\left[\frac{Y^{*2}+2Y^*}{(Y^*+1)^2}+\frac{(Y(t)-Y^*)}{(Y^*+1)^3}\right]$$

整理化简，有

$$X^*>\frac{1}{3},\quad Y^*>\frac{1}{3}$$

根据李雅普诺夫定理可知，(X^*,Y^*) 是系统的全局渐近稳定点。

三、延时系统稳定性分析

当 $\tau>0$ 时，式（6-1）和式（6-2）组成的系统是单常数延时系统。令 $X(t)=e^{\lambda t}$，则有

$$X(t-\tau)=e^{\lambda(t-\tau)}=e^{\lambda t}e^{-\lambda \tau}=X(t)e^{-\lambda \tau} \qquad (6-47)$$

令

$$\frac{dX(t)}{dt}=r_1X(t)(a-X(t))-bX(t-\tau)Y(t)-cX^3(t)=f_3(X(t),Y(t)) \qquad (6-48)$$

$$\frac{dY(t)}{dt}=r_2X(t-\tau)Y(t)-eY^2(t)=f_4(X(t),Y(t)) \qquad (6-49)$$

则

$$\frac{\partial f_3}{\partial X(t)}=r_1a-2r_1X(t)-3cX^2(t)-bY(t)e^{-\lambda\tau}=a_0$$

$$\frac{\partial f_3}{\partial Y(t)}=-bY(t)e^{-\lambda\tau}=b_0$$

$$\frac{\partial f_4}{\partial X(t)} = r_2 Y(t) \mathrm{e}^{-\lambda\tau} = c_0$$

$$\frac{\partial f_4}{\partial Y(t)} = r_2 X(t) \mathrm{e}^{-\lambda\tau} - 2eY(t) = d_0$$

$$\boldsymbol{J} = \begin{bmatrix} a_0 & b_0 \\ c_0 & d_0 \end{bmatrix}$$

对应的特征方程为

$$\lambda^2 - (r_1 a - 2r_1 X(t) - 3cX^2(t) - bY(t)\mathrm{e}^{-\lambda\tau} + r_2 X(t)\mathrm{e}^{-\lambda\tau} - 2eY(t))\lambda +$$
$$(r_1 a - 2r_1 X(t) - 3cX^2(t) - bY(t)\mathrm{e}^{-\lambda\tau})(r_2 X(t)\mathrm{e}^{-\lambda\tau} - 2eY(t)) + bX(t)\mathrm{e}^{-\lambda\tau} r_2 Y(t)\mathrm{e}^{-\lambda\tau} = 0$$

（6-50）

令 $\lambda = \beta \mathrm{i}$，整理化简，可得

$$-\beta^2 - Mm_4 - \mathrm{i}\beta(M - m_4) + [(Mm_3 + m_0 m_4) - \mathrm{i}\beta(m_3 - m_0)]\mathrm{e}^{-\mathrm{i}\beta\tau} +$$
$$(m_1 m_2 - m_0 m_3)\mathrm{e}^{-2\mathrm{i}\beta\tau} = 0$$

（6-51）

其中：

$$M = r_1 a - 2r_1 X(t) - 3cX^2(t)$$
$$m_0 = bY(t)$$
$$m_1 = bX(t)$$
$$m_2 = r_2 Y(t)$$
$$m_3 = r_2 X(t)$$
$$m_4 = 2eY(t)$$

进一步化简，可得

$$P - \mathrm{i}\beta Q + [W - \mathrm{i}\beta N]\mathrm{e}^{-\mathrm{i}\beta\tau} + L\mathrm{e}^{-2\mathrm{i}\beta\tau} = 0 \qquad (6\text{-}52)$$

其中：

$$P = -\beta^2 - Mm_4$$
$$Q = M - m_4$$
$$W = Mm_3 + m_0 m_4$$
$$N = m_3 - m_0$$
$$L = m_1 m_2 - m_0 m_3$$

根据欧拉公式，可知

$$e^{-i\beta\tau} = \cos\beta\tau - i\sin\beta\tau \tag{6-53}$$

化简，可得

$$P - i\beta Q + W\cos\beta\tau - iW\sin\beta\tau - i\beta N\cos\beta\tau \\ - \beta N\sin\beta\tau + L\cos 2\beta\tau - iL\sin 2\beta\tau = 0 \tag{6-54}$$

根据上式，可得

$$P + W\cos\beta\tau - \beta N\sin\beta\tau + L\cos 2\beta\tau = 0 \tag{6-55}$$

$$\beta Q + W\sin\beta\tau + \beta N\cos\beta\tau + L\sin 2\beta\tau = 0 \tag{6-56}$$

根据式（6-56），可得

$$\sin\beta\tau = \frac{-(\beta Q + \beta N\cos\beta\tau)}{W + 2L\cos\beta\tau} \tag{6-57}$$

将式（6-57）代入式（6-55），整理化简，可得

$$4L^2\cos^3\beta\tau + 4LW\cos^2\beta\tau + (2LP + W^2 + (BN)^2 - 2L^2)\cos\beta\tau + \\ (PW + \beta N\beta Q - LW) = 0 \tag{6-58}$$

令 $\cos\beta\tau = x$，式（6-58）可以化简为

$$4L^2 x^3 + 4LWx^2 + (2LP + W^2 + (BN)^2 - 2L^2)x + \\ (PW + \beta N\beta Q - LW) = 0 \tag{6-59}$$

将上式去掉二次项，可得

$$\Omega^3 + g\Omega + h = 0 \tag{6-60}$$

其中：

$$x = \Omega - \frac{W}{3L}$$

$$g = \frac{2LP + W^2 + (\beta N)^2 - 2L^2}{4L^2} - \frac{W^2}{3L^2}$$

$$h = \frac{2W^3}{27L^3} - \frac{W[2LP + W^2 + (\beta N)^2 - 2L^2]}{12L^3} + \frac{PW + \beta N\beta Q - LW}{4L^2}$$

所以

$$x_j = \Omega_j - \frac{W}{3L}$$

$$\cos \beta \tau = x_j$$

$$\sin \beta \tau = \frac{-(\beta Q + \beta N x_j)}{W + 2L x_j}$$

当 $x_j > 0$，$\dfrac{-(\beta Q + \beta N x_j)}{W + 2L x_j} > 0$ 时，

$$2k\pi < \tau^* < \frac{\pi}{2\beta} + 2k\pi, k = 1, 2, 3, \cdots$$

当 $x_j > 0$，$\dfrac{-(\beta Q + \beta N x_j)}{W + 2L x_j} < 0$ 时，

$$2k\pi + \frac{3\pi}{2\beta} < \tau^* < \frac{2\pi}{\beta} + 2k\pi, k = 1, 2, 3, \cdots$$

当 $x_j < 0$，$\dfrac{-(\beta Q + \beta N x_j)}{W + 2L x_j} > 0$ 时，

$$2k\pi + \frac{\pi}{2\beta} < \tau^* < \frac{\pi}{\beta} + 2k\pi, k = 1, 2, 3, \cdots$$

当 $x_j < 0$，$\dfrac{-(\beta Q + \beta N x_j)}{W + 2L x_j} < 0$ 时，

$$2k\pi+\frac{\pi}{\beta}<\tau^*<\frac{3\pi}{2\beta}+2k\pi, k=1,2,3,\cdots$$

当$x_j=0$，$Q>0$时，

$$\tau^*=\frac{3\pi}{2\beta}+2k\pi, k=1,2,3,\cdots$$

当$x_j=0$，$Q<0$时，

$$\tau^*=\frac{\pi}{2\beta}+2k\pi, k=1,2,3,\cdots$$

当τ满足以上条件时，系统将会出现围绕平衡点(X^*,Y^*)运行的周期轨道，振荡幅度的大小取决于参数值、初始条件和历史函数。

第四节　基于延时的在线社交网络双信息传播模型仿真分析

本节基于Mathematica平台进行了数值模拟，以测试在线社交网络双信息传播模型对小扰动的敏感性，并验证理论假设。主要目的是确定当我们改变初始条件、交互系数以及真实信息的延时以遏制对目标社区产生负面影响的持续性谣言时，系统动态会受到怎样的影响。通过提取社交媒体如微博、微信、Facebook等的数据，可以通过缩放分别计算真实信息和谣言信息的增长率r_2、r_1，参数a是根据预期结果进行调整的控制参数，参数c、e、τ是最难确定的，因为它们取决于许多可见或隐藏的因素，历史函数必须给出或者利用现有的求解器或工具从手头的数据计算出来。

一、低延时对系统稳定性的影响

低延时是刻画在线社交网络真实信息发布特点的重要参数。如图6-1所示，分析了在线社交网络真实信息发布低延时对系统稳定性的影响。这里系统参数设置为$X(0)=0.249$，$Y(0)=0.029$，$r_1=0.88$，$a=0.68$，$b=0.29$，$c=0.035$，$r_2=0.439$，$e=0.143$，$\tau=0$。此时，双信息传播模型系统全局稳定且真实信息和谣言信息处于竞争合作的稳定交互动态。

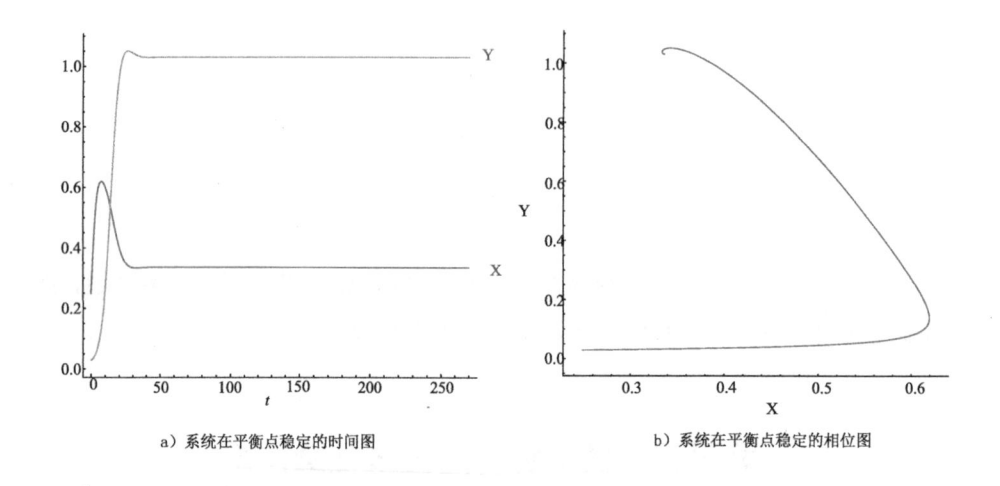

a）系统在平衡点稳定的时间图　　　　　b）系统在平衡点稳定的相位图

图6-1　系统在平衡点邻域内全局稳定

Fig.6-1　System glocal stability at the steady state equilibrium neighborhood

从图6-1 a）可以看出，随着时间的推移，谣言传播者X的数量先增加后减少；真实信息传播者Y的数量刚开始急剧增加，随后略有降低；最后谣言传播者X的数量和真实信息传播者Y的数量达到竞争合作的稳定状态，不再发生变化。从图6-1 b）可以看出，真实信息传播者Y和谣言传播者X最后趋于同一个点，即竞争合作稳定点。

图6-1的结果表明，真实信息的传播可以控制谣言信息的大规模传播，并且二者可以达到竞争合作的稳定点。因此，在线社交网络中的权威机构或者专家可以发布有吸引力且含有丰富信息的真实信息，从而增加更多的真实信息传播者，并保持更长时间的吸引力。

二、中延时对系统稳定性的影响

中延时是刻画在线社交网络真实信息发布特点的重要参数。如图6-2所示，分析了在线社交网络真实信息发布中延时对系统稳定性的影响。这里系统参数设置为$X(0)=0.249$，$Y(0)=0.029$，$r_1=0.88$，$a=0.68$，$b=0.29$，$c=0.035$，$r_2=0.439$，$e=0.143$，$\tau=3.42$。此时，双信息传播模型系统稳定。

a）系统在平衡点邻域内局部稳定的时间图

b）系统在平衡点邻域内局部稳定的相位图

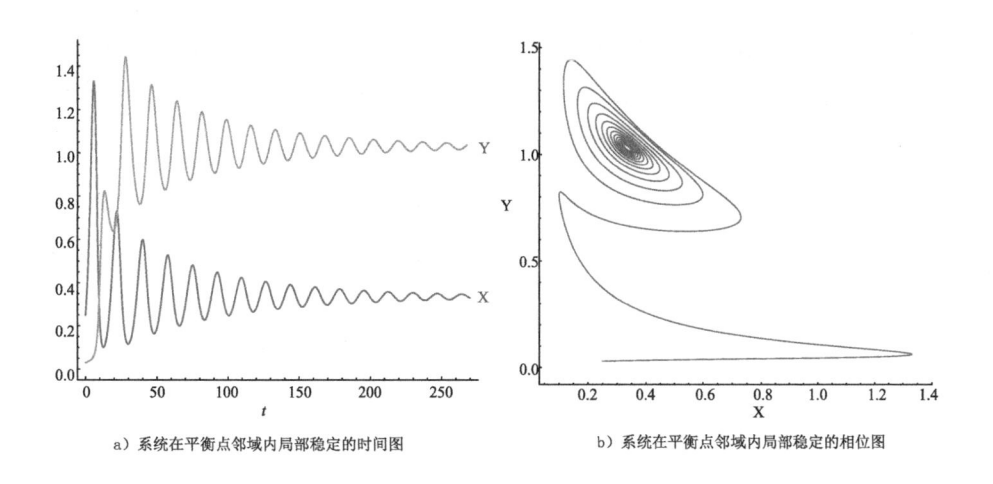

图6-2　系统在平衡点附近存在周期解和极限环

Fig.6-2　Existence of periodic solutions and limit cycle at the steady state equilibrium neighborhood

从图6-2可以发现，延时的变化对系统稳定性产生显著的影响，并且双信息传播模型系统表现出丰富的动力学行为和强大的系统稳定性。从图6-2 a）可以发现，随着时间的推移，谣言传播者X的数量先增加，真实信息传播者Y的数量过了一段时间后才开始急剧增加，随后谣言传播者X的数量和真实信息传播者Y的数量出现了周期性的波动起伏。从图6-2 b）可以看出，真实信息传播者Y和谣言传播者X最后在极限环上运转，即系统处于稳定状态。

图6-2的结果意味着，真实信息的传播可以控制谣言信息的大规模传播，然而谣言并没有消失，因为它包含强有力的论据，尤其是非常吸引人的内容，

人们往往出于好奇阅读和传播谣言信息，在这种情况下，真实信息和谣言信息的解是周期性的，振幅变化依赖于延时参数。因此，在线社交网络双信息延时传播模型可以采用适当的延时以保持系统的稳定。

三、高延时对系统稳定性的影响

高延时是刻画在线社交网络真实信息发布特点的重要参数。如图6-3所示，分析了在线社交网络真实信息发布高延时对系统稳定性的影响。这里系统参数设置为$X(0)=0.249$，$Y(0)=0.029$，$r_1=0.88$，$a=0.298$，$b=0.29$，$c=0.035$，$r_2=0.439$，$e=0.143$，$\tau=8.21$。此时，双信息传播模型系统稳定。

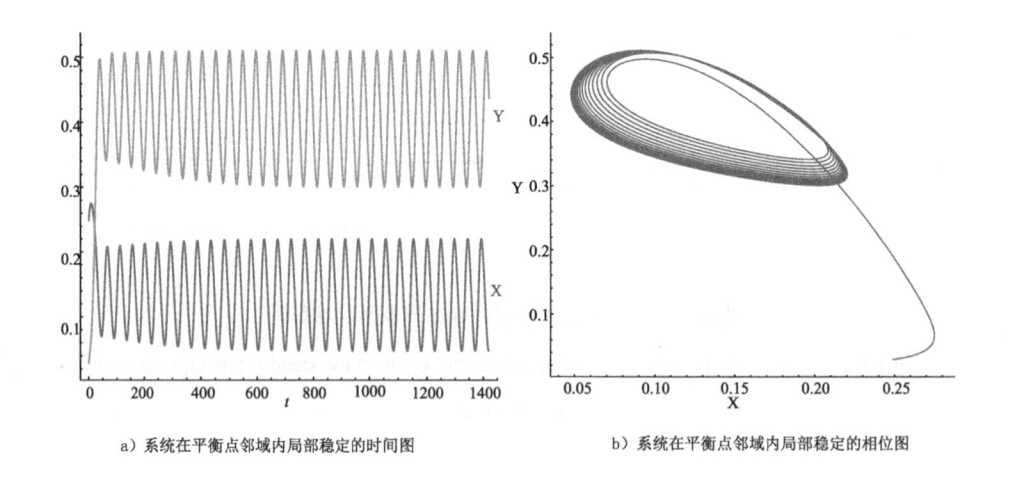

a）系统在平衡点邻域内局部稳定的时间图　　　　b）系统在平衡点邻域内局部稳定的相位图

图6-3　系统在平衡点附近存在周期解和极限环

Fig.6-3 Existence of periodic solutions and limit cycle at the steady state equilibrium neighborhood

从图6-3可以看出，高延时对系统稳定性产生显著的影响，并且双信息传播模型系统表现出丰富的动力学行为和强大的系统稳定性。从图6-3 a）可以发现，随着时间的推移，谣言传播者X的数量先增加，真实信息传播者Y的数量很快就开始急剧增加，随后谣言传播者X的数量和真实信息传播者Y的数量出现了周期性的波动起伏。从图6-3 b）可以看出，真实信息传播者Y和谣言传播者X最后在极限环上运转，即系统处于稳定状态。

图6-3的结果表明，真实信息的传播可以控制谣言信息的大规模传播，从控制的角度来看，这是一种人们期待出现的情形，这是为了加强真实信息的竞争力和吸引力，保持谣言信息合理低速的传播。因此，在线社交网络双信息延时传播模型可以根据实际需要采用适当的延时以保持系统的稳定。

四、初始条件、交互系数和延时对系统稳定性的影响

周期解和极限环是刻画在线社交网络双信息时滞传播处于竞争合作状态的重要特征。图6-4和图6-5分析了初始条件、交互系数和延时对系统稳定性的影响。

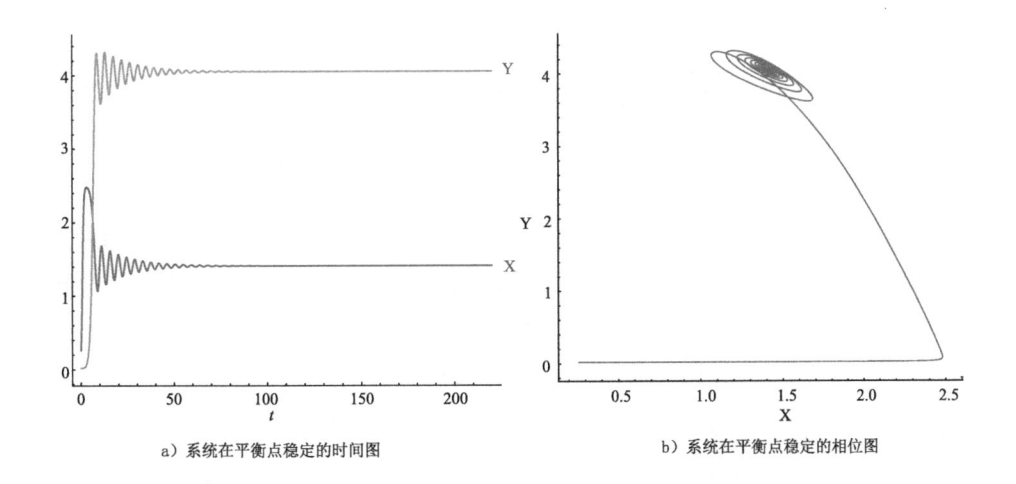

a）系统在平衡点稳定的时间图　　　　　　b）系统在平衡点稳定的相位图

图6-4　系统在平衡点稳定

Fig.6-4　System stability at the steady state equilibrium neighborhood

a）系统在平衡点稳定的时间图

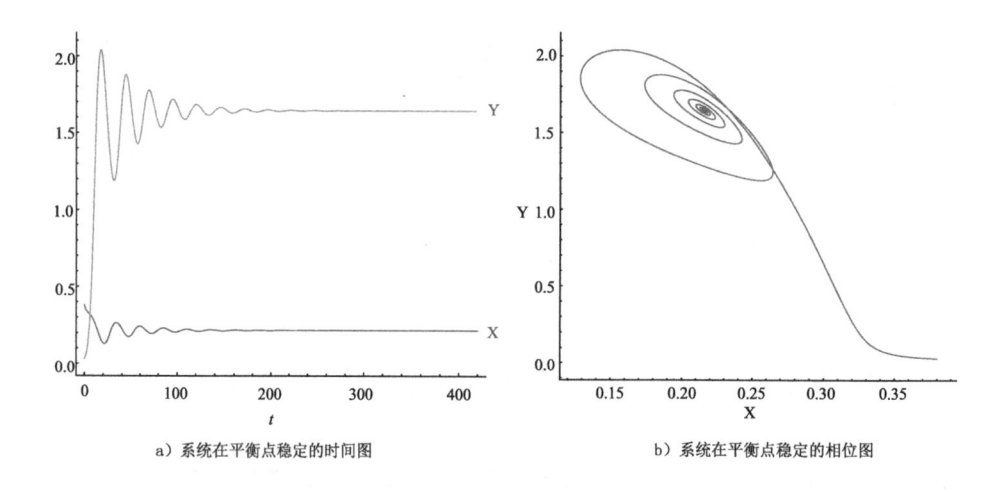

b）系统在平衡点稳定的相位图

图6-5 系统在平衡点稳定

Fig.6-5 System stability at the steady state equilibrium neighborhood

这里系统参数设置分别为$X(0)=0.26$,$Y(0)=0.02$,$r_1=0.98$,$a=2.598$,$b=0.279$,$c=0.015$,$r_2=0.439$,$e=0.153$,$\tau=0.998$;$X(0)=0.38$,$Y(0)=0.03$,$r_1=1.31$,$a=0.3298$,$b=0.09$,$c=0.035$,$r_2=1.09$,$e=0.143$,$\tau=6.6$。这两种情况下双信息传播模型系统都稳定。

从图6-4和图6-5可以看出，双信息时滞传播模型系统表现出丰富的动力学行为和强大的系统稳定性。从图6-4 a)可以发现，随着时间的推移，谣言传播者X的数量先增加，真实信息传播者Y的数量几乎不变，一段时间后才开始急剧增加，随后谣言传播者X的数量和真实信息传播者Y的数量出现了周期性的波动起伏；从图6-5 a)可以发现，随着时间的推移，谣言传播者X的数量先减少，真实信息传播者Y的数量几乎不变，一段时间后才开始急剧增加，随后谣言传播者X的数量和真实信息传播者Y的数量出现了周期性的波动起伏。从图6-4 b)和图6-5 b)可以看出，真实信息传播者Y和谣言传播者X最后在极限环上运转，即系统处于稳定状态。

图6-4和图6-5的结果表明，真实信息的传播可以控制谣言信息的大规模传播，真实信息传播者和谣言传播者达到平衡点，并随着时间的推移保持稳定，这是许多简单非线性系统的理想经典情况。当谣言信息和真实信息对网络用户

具有相同的吸引力时，只要延时合理、较小且不发生随机事件，谣言信息和真实信息交互作用的结果是可预测的。

五、延时下在线社交网络双信息传播规律与启示

上述仿真结果表明，延时对在线社交网络双信息传播过程具有显著影响。政府或者媒体需要发现传播热度大的谣言，然后抓取谣言信息的数据，最后计算谣言增长率，并确定其他模型参数，代入模型从而确定真实信息发布时间。由此得出延时下在线社交网络双信息传播规律与启示。

（1）谣言传播整个周期内，政府或者媒体成立专门负责实时监测谣言信息的机构，及时发现谣言信息。网络技术和移动智能终端的发展推动了微博、微信、抖音、快手等一大批社交网络平台的产生、发展和成熟，网络用户数量也呈现了急剧增长的态势，广大网络用户可以在任意时间任意地点关于任意社会热点事件发表自己的看法。当谣言信息与网络用户的兴趣爱好、价值观念相符时，网络用户就会积极转发谣言信息以及发表评论，容易形成热度大的谣言，政府或者媒体对谣言信息实时监测，做到及时发现谣言信息并快速处理信息，可以避免造成恶劣影响。例如2021年6月7日，互联网上一篇《倾城之恋2021》的文章大规模传播，文中称广州南沙一男子与一女子约会就餐被感染，该女子来深圳导致深圳多区开展大排查。6月8日，经过警方调查，证明文章内容为假，警方将造谣者李某某抓获，并以虚构事实扰乱公共秩序依法对李某某作出行政拘留五日的处罚。

（2）谣言传播整个周期内，政府或者媒体抓取谣言信息的数据。为了避免谣言信息肆意传播，需要抓取真实网络上的谣言信息传播数据进行分析与求解模型参数，为求解发布真实信息的时间做好必要的准备工作。本书模型主要研究热门谣言传播问题，因此，政府或者媒体应该选择网络用户传播范围广、社会反响强烈的谣言信息为对象进行抓取数据。

（3）谣言传播整个周期内，政府或者媒体计算谣言增长率，并确定其他模型参数。政府或者媒体首先分析抓取的热门谣言信息数据，确定每次谣言传播网络用户人数和时间点，从而定义谣言传播合理的时间间隔单位；其次计算

该谣言信息的增长率，其他参数的求解非常具有挑战性，这就需要政府或者媒体根据以往的经验来模拟该谣言信息的具体传播情况，然后参照上述仿真结果进行设置，或者也可以参考其他论文成果进行设置，比如研究新冠肺炎的发病情况和传播情况，很多学者都是直接应用最早研究新冠肺炎学者的研究结果。

第五节　本章小结

本章分析了在线社交网络双信息传播过程中真实信息发布延时的现象，提出考虑延时的在线社交网络双信息传播模型，刻画在线社交网络真实信息传播对谣言信息传播的动态影响过程，并分别从自治模型系统和延时模型系统两个角度分析了模型系统的平衡点及其稳定性，并证明了延时对其平衡点附近的系统动力学有显著的影响。数值仿真结果表明，真实信息的传播可以控制谣言信息的大规模传播，并且双信息可以形成相对稳定的竞争合作关系。建议在适当的时间发布真实信息，要求真实信息具有吸引力，含有丰富的内容，并且具有权威性等，以保持双信息传播模型的系统稳定，同时有效控制谣言传播速度和传播范围。

第七章 在线社交网络双信息传播治理策略

在当前智能媒体时代，社交网络信息传播成为社会是否稳定的"风向标"，如果应对不当很容易在短时间的大规模传播，最终有可能造成社会恐慌，甚至影响国家政局稳定。社交网络信息传播是一个动态演化过程，针对不同演化阶段的具体特征采取有针对性的治理策略，有利于快速高效地治理社交网络谣言信息传播。所以，本章结合社交网络双信息传播建模的结论，根据社交网络信息传播的周期规律，从不同主体角度提出社交网络谣言信息传播更具有针对性的治理策略。

第一节 社交网络双信息传播初期的预防策略

在社交网络双信息传播初期，谣言信息的出现不是偶然的，都有种种征兆，所以如何在第一时间辨识谣言信息至关重要，这就要求政府和媒体提升监测和识别谣言信息的能力，也需要网络用户提高对谣言信息的识别能力。

一、提升政府和媒体的谣言信息监测能力

第五章的在线社交网络双信息传播种群动力学模型分析表明，可以通过设置不同的控制参数数值实现真实信息与谣言信息的稳定平衡。第六章的在线社交网络双信息延时传播种群动力学模型分析表明，可以通过设置不同的控制参数数值和延时数值实现真实信息与谣言信息的稳定平衡。

为了求解模型参数数值，应提升政府和媒体的谣言信息监测能力。为了能够及时发现社交网络谣言信息传播，政府和媒体有必要建立专门机构，配备专业人员、设备以及软件，对谣言信息进行实时监测与信息采集，从而快速掌握传播谣言信息网络用户的动态变化，有利于将谣言信息扼杀在摇篮中。例如新冠肺炎疫情期间，"疫情与中国人吃野生动物有关"的谣言信息在国外媒体平台盛行，我国主流媒体对妖魔化中国人的反击。同时，也为准确获取在线社交网络双信息传播网络用户数据，进一步求解模型中其他参数提供依据。

二、推进真实信息全面公开

第三章的在线社交网络谣言信息传播自净化模型分析表明，提高社交网络用户识别谣言信息能力，可以提高在线社交网络谣言单信息自净化能力。第四章的在线社交网络双信息传播双向转变机制模型分析表明，增大社交网络真实信息潜在用户转变为真实信息传播者的概率以及减小社交网络谣言信息潜在用户转变为谣言传播者的概率，可以有效抑制在线社交网络双信息传播系统中谣言信息的传播。

为了提高社交网络用户识别谣言信息能力，增大社交网络真实信息潜在用户转变为真实信息传播者的概率，减少社交网络谣言信息潜在用户转变为谣言传播者的概率，应推进政府和媒体真实信息全面公开。例如国务院客户端专门设置"疫情防控"专栏、联动各方主体的中国互联网辟谣平台、自媒体账号及时向网络用户发布真实信息。政府和媒体应在事件发生的第一时间通过抖音、微博、快手等新平台公开事件的全部真实信息，保证社会民众快捷、准确地获知可靠的信息，并对关于事件的各种网络言论，通过专家采访、公众号发布、新闻报道等形式给予急速响应，填补网络用户的真实信息空白，满足网络用户的信息需求，及时消除社会恐慌情绪。

第二节　社交网络双信息传播中期的干预策略

在社交网络双信息传播中期，双信息的吸引力、网络用户对双信息的兴趣和行为、政府和媒体的作用等因素都影响着谣言信息的传播范围和速度。因此，在这一阶段，主要分析真实信息、网络用户、政府以及媒体对谣言信息传播的干预策略。

一、发挥主流媒体和意见领袖的引导作用

第四章的在线社交网络双信息传播双向转变机制模型分析表明，减小社交网络真实信息传播用户转变为真实信息免疫者的概率，可以有效抑制在线社交网络双信息传播系统中谣言信息的传播。第五章的在线社交网络双信息传播种群动力学模型分析表明，激发网络用户对真实信息的兴趣可以控制谣言信息在一定范围内传播。为此，应发挥主流媒体和意见领袖的引导作用。

一方面，发挥主流媒体的引导作用。主流媒体与自媒体在面对谣言信息时的表现截然不同，自媒体通过制造轰动效应以赚取流量和点击量，主流媒体肩负社会使命，把握真实信息导向，尽量选择网络用户容易接受的方式及时客观报道全部真实信息，各级政府应积极建设政务网站以及抖音号、快手号、微信公众号等，例如央视新闻《共同战"疫"》节目每天不间断为公众发布真实信息。利用新媒体在黄金时间段发布真实信息，加强与网络用户的互动活动，增强网络用户对真实信息的兴趣，进而不断传播真实信息。

另一方面，发挥意见领袖的引导作用。社交网络的意见领袖在各自领域具有强大的凝聚力和影响力，其发表的言论很容易成为网络热点话题。所以，发挥发挥意见领袖的引导作用至关重要，政府与社会应共同建设一支各个领域的意见领袖组成的队伍，并提升队伍的思想认识和法律意识，增强网络用户对真实信息的兴趣，进而不断传播真实信息，有效化解谣言信息带来的危机。

二、加强社会主义核心价值观宣传教育

第三章的在线社交网络谣言信息传播自净化模型分析表明，增强社交网络用户纠正谣言信息意愿，可以提高在线社交网络谣言单信息自净化能力。第四章的在线社交网络双信息传播双向转变机制模型分析表明，减小社交网络真实信息传播用户转变为真实信息免疫者的概率，可以有效抑制在线社交网络双信息传播系统中谣言信息的传播。

为了增强网络用户纠正谣言信息意愿，应利用网络平台积极弘扬和传播社会主义核心价值观，加强对网络用户的宣传教育。宣传社会主义核心价值观，保持正确的价值理念，在面对谣言信息或者不确定信息传播时做到理性客观发声，规范网络用户的转发、评价、点赞等行为，养成正确使用网络的行为，全面提高对不确定信息、谣言信息等信息的辨识能力和纠正意愿，建立更加有秩序的网络生态环境。

三、增强网络用户辩证分析谣言信息的能力

第三章的在线社交网络谣言信息传播自净化模型分析表明，增强社交网络用户辩证分析谣言信息的能力以及提高社交网络谣言净化者用户的影响力，可以提高在线社交网络谣言单信息自净化能力。第五章的在线社交网络双信息传播种群动力学模型分析表明，增加网络用户转发真实信息的行为可以控制谣言信息在一定范围内传播。

增强网络用户辩证分析谣言信息的能力，促进网络用户转发真实信息，最终提高网络用户的影响力。网络用户在面对信息真假无法判断的时候，只能根据自身知识水平和辩证分析能力作出判断，积极接受各种新知识和新思想，控制自己的从众心理，避免盲目传播未经证实的信息，切实增强网络用户辩证分析谣言信息的能力，进而促进网络用户转发真实信息。同时，政府或者媒体可以通过网络电视、抖音、快手等平台直播或者录制视频引导网络用户转发真实信息行为，逐渐将一批网络用户培养成某个领域专家的形象，提高自身在社交网络中的影响力。

四、增加真实信息的吸引力

第四章的在线社交网络双信息传播双向转变机制模型分析表明，增大社交网络的平均度，可以有效抑制在线社交网络双信息传播系统中谣言信息的传播。第五章的在线社交网络双信息传播种群动力学模型分析表明，增加真实信息的吸引力可以控制谣言信息在一定范围内传播。

政府和媒体应想方设法增加真实信息的吸引力，进而加强网络用户之间的紧密关系。谣言信息传播有纯文字、图文搭配、音频、视频等多种形式，然而，真实信息的传播却更多以纯文字为主，其他形象、生动的形式较少，这一定程度降低了真实信息的传播效果。所以，政府和媒体应建立微信公众号、抖音号以及快手号等，采用图文搭配、音频以及视频等网络用户喜闻乐见的方式传播真实信息，有效提高真实信息的吸引力，同时加强网络用户之间的联系。例如新冠肺炎疫情期间，短视频自媒体回形针PaperClip创作的"关于新冠肺炎的一切"视频，通俗地介绍了新冠肺炎的相关知识，该视频超过1亿次的播放量。

五、依托大数据优化信息监管

第五章的在线社交网络双信息传播种群动力学模型以及第六章的在线社交网络双信息延时传播种群动力学模型分析结果都表明，政府和媒体要想利用真实信息控制谣言信息的传播范围和速度，需要求解双信息传播种群动力学模型以及双信息延时传播种群动力学模型中的各个参数取值。

政府或者媒体利用大数据算法技术，首先抓取和分析双信息数据，其次计算模型参数，这就需要政府或者媒体根据以往的经验来模拟该谣言信息的具体传播情况，然后参照上述仿真结果进行设置，或者也可以参考其他论文成果进行设置。政府和媒体计算双信息传播种群动力学模型以及双信息延时传播种群动力学模型中的各个参数取值后，还需要根据实际情况不断调整和优化。

第三节　社交网络双信息传播后期的完善策略

在社交网络双信息传播后期，谣言信息的影响范围随着各方主体的参与和应对，谣言信息得到控制，同时，需要进一步完善谣言信息的法律体系。

一、构建全员参与的谣言信息治理格局

单纯依靠政府和主流媒体建设网络空间环境显然存在力量不足的问题，例如2020年2月7日李文亮医生去世，各种谣言信息快速在媒体平台传播，主流媒体纷纷发声，有效引导了真实信息的传播。为了进一步提升谣言信息传播治理效果，应构建政府、新媒体、意见领袖、网络用户等全员参与的谣言信息治理格局。由于谣言信息传播具有极短时间传播范围很广的特点，政府在监测到谣言信息后应立即通过主流媒体发布真实信息，同时联动新媒体、意见领袖、普通网络用户等主体协同治理谣言信息，并在各个新媒体以及辟谣平台上及时发布真实信息，从而形成全员参与的谣言信息治理格局。

二、完善网络信息传播法律法规

网络平台也需要相应的法律法规以规范网络全员的行为，政府依法治理网络，新媒体平台依法经营网络，网络用户依法使用网络。根据网络信息传播中的新问题，应考虑针对政府、新媒体平台的权利与义务以及网络用户隐私、权利与义务等问题补充现有法律法规体系，不断细化全员的权利与义务，从而为应对和处置谣言信息传播问题提供法律支撑。例如：《互联网用户公众账号信息服务管理规定》《互联网群组信息服务管理规定》《网络信息内容生态治理规定》为谣言信息的治理提供了法律保障。

第八章 结　　论

　　当前，在线社交网络成为网络用户发布信息、转发信息、交流观点、探讨分歧的重要平台，研究社交网络信息传播现象，揭示其传播机理和传播规律对维护社会秩序、保证国家安全至关重要。本书分别采用传染病模型和种群模型，从单信息单一机制、双信息单一机制、双信息复合机制、双信息延时复合机制四个层面揭示在线社交网络信息传播规律。本书的主要结论如下：

　　（1）谣言自净化机制对在线社交网络的单信息传播趋势具有显著影响。谣言自净化机制能够定义为谣言在网络中传播过程中，个体发布互补、纠错、质疑、反驳以及真相信息，谣言逐渐消失，实现自净化。模型分析发现，融入自净化机制的在线社交网络单信息传播模型存在谣言传播阈值。数值仿真结果表明，提高社交网络用户识别谣言信息的能力能够有效减少未知者、谣言传播者、谣言免疫者和谣言净化者数量，但超过一定识别能力后，谣言净化者数量开始减少。同时，增强潜伏者纠正谣言信息的意愿、谣言净化者影响力和用户辩证分析谣言信息的能力能够有效减少未知者、谣言传播者、谣言免疫者和谣言净化者数量。

　　（2）双信息双向转变机制对在线社交网络的双信息传播趋势具有显著影响。双向转变机制是指社交网络用户接触谣言传播者（或者真实信息传播者），转变为谣言潜伏者（或者真实信息潜伏者）、谣言潜伏者（或者真实信息潜伏者）经过自身思考判断后，既可能转变为谣言传播者（或者真实信息传播者），又可能转变为真实信息传播者（或者谣言传播者）的机制。模型分析发现，具有双向转变机制的在线社交网络双信息传播模型存在真实信息和谣言信息传播阈值。数值模拟结果表明，增大社交网络真实信息潜在用户转变为真实信息传播者的转变概率、减小社交网络谣言信息潜在用户转变为谣言传播者的转变概率、减小社交网络真实信息传播用户转变为真实信息免疫者的遗忘概率可以抑制谣言信息传播。此外，减小社交网络谣言信息传播用户转变为谣言免疫者的遗忘概率也可以抑制谣言信息传播，这说明谣言的传播促进了真实信息的传播；增大社交网络的平均度也可以抑制谣言信息传播，这说明网络用户连接越紧密，越有助于传播真实信息。

（3）双信息竞争合作复合传播机制揭示了在线社交网络双信息传播的动态交互规律。本书基于种群动力学原理和方法，研究发现该模型存在周期轨道和极限环，初始值、固定参数、交互参数、系统承载能力和控制参数都会对系统的稳定性产生显著的影响，系统表现出丰富的动力学行为和强大的系统稳定性。数值仿真结果表明，真实信息的传播可以控制谣言信息的大规模传播，并且双信息可以形成相对稳定的竞争合作关系。因此，在线社交网络双信息传播模型系统可以应用于初始值、固定参数、交互参数、系统承载能力和控制参数不同的情况下，并且可以保持系统的稳定。新浪微博数据仿真验证了上述理论结果的正确性。

（4）真实信息发布延时性揭示了在线社交网络双信息传播的动态复杂规律。分析了在线社交网络双信息传播过程中真实信息发布延时的现象，提出考虑延时的在线社交网络双信息传播模型，刻画在线社交网络真实信息传播对谣言信息传播的动态影响过程，并分别从自治模型系统和延时模型系统两个角度分析了模型系统的平衡点以及其稳定性，并证明了延时对其平衡点附近的系统动力学有显著的影响。数值仿真结果表明，真实信息的传播可以控制谣言信息的大规模传播，并且双信息可以形成相对稳定的竞争合作关系。建议在适当的时间发布真实信息，要求真实信息具有吸引力，含有丰富的内容，并且具有权威性等，以保持双信息传播模型系统稳定，同时有效抑制谣言的传播速度和传播范围。

本书的主要创新点如下：

（1）提出了融入自净化机制的在线社交网络单信息传播模型。该模型分析了潜伏者对谣言传播的影响，分析未知者接触谣言传播者后转变为谣言传播者、免疫者、潜伏者和净化者，潜伏者既可以转化为谣言传播者又可以转化为谣言净化者，净化者包含真实信息传播者群体，揭示自净化机制对在线社交网络单信息传播的影响。

（2）建立了具有双向转变机制的在线社交网络双信息传播模型。该模型考虑未知者接触谣言传播者和真实信息传播者后，大部分个体往往需要思考判断后才能作出决定，同时，谣言潜伏者发现真相也可能转化为真实信息传播者，真实信息潜伏者误认为谣言是真相，也可能转化为谣言传播者，揭示了双向转变机制对在线社交网络双信息传播的影响。

（3）构建了基于竞争合作复合机制的在线社交网络双信息传播模型。该模型基于种群动力学理论方法，引入Logistic项和Holling-II型功能反应函数，分析系统局部稳定性，并求解双信息竞争合作传播过程中的局部稳定点。利用新浪微博转发数据，仿真不同模型参数和控制系数对社交网络双信息传播的影响，揭示在线社交网络中双信息传播过程中的竞争合作规律。

（4）建立了考虑真实信息发布延时性的在线社会网络双信息传播模型。该模型分析谣言信息往往传播一段时间后，政府等官方媒体才发布真实信息的情况，引入延时参数构建双信息竞争合作模型，从自治模型系统和延时模型系统两个角度分析了系统局部稳定性和全局稳定性，并证明了延时对其平衡点附近的系统动力学有显著的影响。

本书对在线社交网络双信息传播建模及仿真的研究虽然取得了一定的研究成果，但仍有一些问题有待深化研究。一方面，本书假设在线社交网络真实信息发布延时性为常数，实际社交网络中真实信息发布的延时常常是变化的，进一步剖析挖掘变延时对在线社交网络双信息传播的影响是今后的研究方向。另一方面，在线社交网络涉及多条信息同时传播，或者多条信息先后传播问题，如何将双信息的合作竞争问题拓展到多信息合作竞争问题，以及将双信息延时问题拓展到多信息延时问题也将是未来需要解决的问题。此外，传统数据处理方法不足以分析社交网络的海量数据，需要开发专门处理在线社交网络大数据的方法，从而提升在线社交网络信息传播趋势的预测效果。

参 考 文 献

[1] 陈力丹. 坚持正确舆论导向，加强互联网内容建设——学习十九大报告关于新闻舆论工作的论述[J]. 国际新闻界，2017，39（11）：6-9.

[2] Yu X, Miao S, Liu H, et al. Association Rule Mining of Personal Hobbies in Social Networks[J]. International Journal of Web Services Research, 2017, 14(1): 13-28.

[3] 史亚光，袁毅. 基于社交网络的信息传播模式探微[J]. 图书馆论坛，2009，29（6）：220-223.

[4] Kwon S, Cha M, Jung K, et al. Aspects of Rumor Spreading on a Microblog Network[M]. Berlin: Springer International Publishing, 2013.

[5] Lin L M, Xu L, Huang Y Z, et al. On Exploiting Priority Relation Graph for Reliable Multi-path Communication in Mobile Social Networks[J]. Information Sciences, 2019(477):490-507.

[6] Ryu J, Park J, Lee J, et al. Community-based Diffusion Scheme Using Markov Chain and Spectral Clustering for Mobile Social Networks[J]. Wireless Networks, 2019, 25(2):875-887.

[7] 崔金栋，郑鹊，孙硕. 微博信息传播模型及其演化研究综述[J]. 图书馆论坛，2018，38（1）：68-77.

[8] 李丹丹，马静. 复杂社会网络上的谣言传播模型研究综述[J]. 情报理论与实践，2016，39（12）：130-134.

[9] 向卓元，陈宇玲. 微博谣言传播模型与影响力评估研究[J]. 科研管理，2016，37（1）：39-47.

[10] 顾亦然，夏玲玲. 在线社交网络中谣言的传播与抑制[J]. 物理学报，2012，61（23）：544-550.

[11] Bhavnani R, Findley M G, Kuklinski J H. Rumor Dynamics in Ethnic Violence[J]. The Journal of Politics, 2009,71(31):876-892

[12] 张亚明，苏妍嫄，刘海鸥. 融入双重社会强化的在线社交网络谣言传播研究[J]. 小型微型计算机系统，2017，38（4）：705-711.

[13] 张亚明，唐朝生，李伟钢. 在线社交网络谣言传播兴趣衰减与社会强化机制研究[J]. 情报学报，2015，34（8）：833-844.

[14] Kenmack W O, Mckendrick A G. Contributions to the Mathematical Theory of Epidemics[J]. Proc Roy Soc, 1927(A115):700-721.

[15] Kenmack W O, Mckendrick A G. Contributions to the Mathematical Theory of Epidemics-II [J]. Proc Roy Soc, 1932(A138):55-83.

[16] Bailey N T J. The Mathematical Theory of Infectious Diseases and Its Applications[M]. New York:Hafner Press,1975.

[17] Anderson R M, May R M.Infectious Diseases in Humans[M]. Oxford: Oxford University Press,1992.

[18] Keeling M J, Rohani P. Modeling Infectious Diseases in Humans and Animals[M]. Princeton: Princeton University Press,2008.

[19] Pastor-Satorras R, Vespignani A. Epidemic Spreading in Scale-free Networks[J]. Physical Review Letters, 2001,86(14):3200-3203.

[20] Pastor-Satorras R, Vespignani A. Epidemic Dynamics and Endemic States in Complex Networks[J]. Physical Review E, 2001,63(6):066117.

[21] Moore C, Newman M E J. Epidemics and Percolation in Small-World Networks[J]. Physical Review E, 2000,61(5):5678-5682.

[22] Kuperman M, Abramson G. Small World Effect in an Epidemiological Model[J]. Physical Review Letters, 2001,86(13):2909-2912.

[23] Guille A, Hacid H, Favre C, et al. Information Diffusion in Online Social Networks: A Survey[J]. ACM Sigmod Record, 2013,42(2):17-28.

[24] Gomez-Rodriguez M, Leskovec J, Schölkopf B. Modeling Information

Propagation with Survival Theory[C]. International Conference on Machine Learning, 2013:666-674.

[25] D J Daley, D G Kendall. Epidemics and Rumours[J]. Nature, 1964, 204 (496): 1118-1117.

[26] D J Daley, D G Kendall. Stochastic Rumours[J]. IMA Journal of Applied Mathematics, 1965,1(1):42-55.

[27] Maki D P, Thompson M. Mathematical Models and Applications[M]. New York: Prentice-Hall, 1973.

[28] Zanette D H. Dynamics of Rumor Propagation on Small-World Networks[J]. Physical Review E, 2002,65(4):041908.

[29] Santos F C, Rodrigues J F, Pacheco J M. Epidemic Spreading and Cooperation Dynamics on Homogeneous Small-World Networks[J] .Physical Review E, 2005,72(5):056128.

[30] Moreno Y, Nekovee M, Pacheco A F. Dynamics of Rumor Spreading in Complex Networks [J]. Physical Review E, 2004,69(6):066130.

[31] Nekovee M, Moreno Y, Bianconi G, et al. Theory of Rumour Spreading in Complex Social Networks[J]. Physica A: Statistical Mechanics and Its Applications, 2007,374(1):457-470.

[32] Barthelemy M, Spatial Networks[J]. Physics Reports, 2011,499(1-3):1-101.

[33] Holme P, Saramaki J. Temporal Networks[J]. Physics Reports, 2012,519(3): 97-125.

[34] Rattana P, Blyuss K B, Eames K T, et al. A Class of Pairwise Models for Epidemic Dynamics on Weighted Networks[J]. Bulletin of Mathematical Biology, 2013,75(3):466-490.

[35] De Domenico M, Granell C, Porter M A, et al.The Physics of Multilayer Networks[J]. Nature Physics 2016(12):901-906.

[36] Hill A L, Rand D G, Nowak M A, et al. Infectious Disease Modeling of Social Contagion in Networks[J]. Plos Computational Biology, 2010,6(11) :1000968.

[37] Anthony S. Anxiety and Rumor[J]. Journal of Social Psychology, 1973,89:

91-98.

[38] Rosnow R L. Rumor as Communication: a Contextualist Approach[J]. Journal of Communication, 1988,38(1):12-28.

[39] Iribarren J L, Moro E. Affinity Paths and Information Diffusion in Social Networks[J] .Social Networks, 2011,33(2):134-142.

[40] Roshani F, Naimi Y. Effects of Degree-biased Transmission Rate and Nonlinear Infectivity on Rumor Spreading in Complex Social Networks[J]. Physical Review E, 2012,85(3):036109.

[41] Afassinou K. Analysis of the Impact of Education Rate on the Rumor Spreading Mechanism[J]. Physica A: Statistical Mechanics and Its Applications, 2014, 414:43-52.

[42] Kumar A, Borkar V S, Karamchandani N. Temporally Agnostic Rumor-Source Detection[J]. IEEE Transactions on Signal and Information Processing over Networks, 2017,3(2):316-329.

[43] Fanti G, Kairouz P, Oh S, et al. Hiding the Rumor Source[J]. IEEE Transactions on Information Theory, 2017,63(10):6679-6713.

[44] Kwon J, Han I, Kim B. Effects of Source Influence and Peer Referrals on Information Diffusion in Twitter[J]. Industrial Management & Data Systems, 2017,117(5):896-909.

[45] Dodds P S, Watts D J. Universal Behavior in a Generalized Model of Contagion[J]. Physical Review Letters,2004,92(21):213002.

[46] Lind P G, da Silva L R, Andrade J S, et al.Spreading Gossip in Social Networks[J]. Physical Review E, 2007,76(3):036117.

[47] Grabowski A, Kruszewska N, Kosiński R A. Dynamic Phenomena and Human Activity in an Artificial Society[J]. Physical Review E, 2008,78(6):066110.

[48] Castellano C, Fortunato S, Loreto V. Statistical Physics of Social Dynamics[J]. Reviews of Modern Physics, 2009,81(2):591-646.

[49] Gómez S, Diaz-Guilera A, Gómez-Gardeñes J, et al.Diffusion Dynamics on Multiplex Networks[J]. Physical Review Letters, 2013,110(2):028701.

[50] Solé-Ribalta A, Domenico M D, Kouvaris N E,et al,Spectral Properties of the Laplacian of Multiplex Networks[J]. Physical Review E, 2013,88(3):032807.

[51] Kawamoto T, Hatano N. Viral Spreading of Daily Information in Online Social Networks[J]. Physica A: Statistical Mechanics and its Applications, 2014,406:34-41.

[52] Yoo E, Rand W, Eftekhar M, et al. Evaluating Information Diffusion Speed and its Determinants in Social Media Networks during Humanitarian Crises[J]. Journal of Operations Management, 2016,45:123-133.

[53] Vega-Oliveros D A, Costa L F, Rodrigues F A. Rumor Propagation with Heterogeneous Transmission in Social Networks[J]. Journal of Statistical Mechanics: Theory and Experiment, 2017,2(2):023401.

[54] Panagiotou K, Speidel L. Asynchronous Rumor Spreading on Random Graphs[J]. Algorithmica, 2017,78(3):968-989.

[55] Trpevski D, Tang W K S, Kocarev L. Model for Rumor Spreading over Networks[J]. Physical Review E, 2010,81(5):056102.

[56] Tripathy R M, Bagchi A, Mehta, S.A Study of Rumor Control Strategies on Social Networks[C]. Proceedings of the 19th ACM International Conference on Information and Knowledge Management. ACM, 2010: 1817-1820.

[57] Rodriguez L C, Bernal J R. Virus and Warning Spread in Dynamical Networks[J]. Advances in Complex Systems, 2011,14(03):341-358.

[58] Weng L, Flammini A, Vespignani A. Competition Among Memes in A World with Limited Attention[J]. Scientific Reports, 2012(10):335-344.

[59] Massaro E, Bagnoli F. Epidemic Spreading and Risk Perception in Multiplex Networks: a Self-organized Percolation Method[J]. Physical Review E, 2014, 90(5):052817.

[60] Lee J, Agrawal M, Rao H R.Message Diffusion through Social Network Service: The Case of Rumor and Non-Rumor Related Tweets during Boston Bombing 2013[J]. Information Systems Frontiers, 2015, 17(5):997-1005.

[61] Jeong Y D, Kim K S, Jung I H. Optimal Control Strategies Depending on Interest Level for the Spread of Rumor[J]. Discrete Dynamics in Nature and Society, 2018,2018(1):9158014.

[62] Jacquet P, Mans B, Rodolakis G.Information Propagation Speed in Mobile and Delay Tolerant Networks[J]. IEEETransaction on Information Theory, 2010, 56(10): 5001-5015.

[63] Anagnostopoulos C, Hadjiefthymiades S. Delay-tolerant Delivery of Quality Information in Ad hoc Networks[J]. Journal of Parallel and Distributed Computing, 2011,71(7):974-987.

[64] Marceau V, Noel P A, Laurent H D, et al.Modeling the Dynamical Interaction between Epidemics on Overlay Networks[J].Physical Review E, 2011, 84(2):026105.

[65] Baccelli E, Jacquet P, Mans B, et al.Highway Vehicular Delay Tolerant Networks: Information Propagation Speed Properties[J]. IEEE Transaction on Information Theory, 2012,58(3):1743-1756.

[66] Cha M Y, Benevenuto F, Ahn Y Y, et al. Delayed Information Cascades in Flickr: Measurement, Analysis, and Modeling[J]. Computer Networks, 2012, 56(3):1066-1076.

[67] Taylor N J, Dennis A R, Cummings J W. Situation Normality and the Shape of Search: The Effects of Time Delays and Information Presentation on Search Behavior[J]. Journal of the American Society for Information Science and Technology, 2013,64(5):909-928.

[68] 马知恩，周义仓，王稳地. 传染病动力学的数学建模与研究[M]. 北京：科学出版社，2004.

[69] Zhang X, Wang K. Stochastic SEIR Model with Jumps[J]. Applied Mathematics and Computation, 2013,26(8):867-874.

[70] 孟锰，李晟，马红孺. 传染病在小世界网络中传播的相变[J]. 上海交通大学学报，2006(5):869-872.

[71] 倪顺江，翁文国，范维澄. 具有局部结构的增长无标度网络中传染病传播

机制研究[J]. 物理学报，2009，58（6）：3707-3713.

[72] 潘灶烽，汪小帆，李翔. 可变聚类系数无标度网络上的谣言传播仿真研究[J]. 系统仿真学报， 2006，18（8）：2346-2348.

[73] Zhou J, Liu Z, Li B.Influence of Network Structure on Rumor Propagation[J]. Physics Letters A, 2007,368(6): 458-463.

[74] 李明杰，吴晔，刘维清，等. 手机短信息传播过程和短信息寿命研究[J]. 物理学报，2009，58（8）：5251-5258.

[75] 孙华程. 公共危机信息传播系统的网络结构模式研究[J]. 情报科学，2009，27（4）：497-501.

[76] 孙华程. 公共危机信息传播空间结构模型研究[J]. 情报杂志，2009，28（4）：23-27.

[77] 孙庆川，山石，兰田田. 一个新的信息传播模型及其模拟[J]. 图书情报工作，2010，54（6）：52-56，79.

[78] 张彦超，刘云，张海峰，等. 基于在线社交网络的信息传播模型[J]. 物理学报，2011，60（5）：66-72.

[79] Xiong X, Ma J, Wang M. Information Diffusion Model in Modular Microblogging Networks[J]. World Wide Web, 2014,18(4):1051-1069.

[80] 阚佳倩，谢家荣，张海峰. 社会强化效应及连边权重对网络信息传播的影响分析[J]. 电子科技大学学报，2014，43（1）：21-25.

[81] 王金龙，刘方爱，朱振方. 一种基于用户相对权重的在线社交网络信息传播模型[J]. 物理学报，2015，64（5）：71-81.

[82] Wang W, Tang M, Shu P, et al. Dynamics of Social Contagions with Heterogeneous Adoption Thresholds: Crossover Phenomena in Phase Transition[J]. New Journal of Physics, 2016,18(1):013029.

[83] Gu J, Li W, Cai X.The Effect of the Forget-remember Mechanism on Spreading[J]. The European Physical Journal B, 2008,62(2):247-255.

[84] 张芳，司光亚，罗批. 谣言传播模型研究综述[J]. 复杂系统与复杂性科学，2009，6（4）：1-11.

[85] Lü L, Chen D-B, Zhou T. The Small World Yields the Most Effective

Information Spreading[J]. New Journal of Physics, 2011,13(12):123005.

[86] Centola D. The Spread of Behavior in an Online Social Network Experiment[J]. Science, 2010,329(5996): 1194-1197.

[87] 张芳, 司光亚, 罗批. 一个基于沟通函数的谣言传播仿真模型[J]. 系统仿真学报, 2011, 23 (11): 2482-2486.

[88] 王长春, 陈超. 基于复杂网络的谣言传播模型[J]. 系统工程理论与实践, 2012, 32 (01): 203-210.

[89] Zhao L, Wang J, Chen Y, et al. SIHR Rumor Spreading Model in Social Networks[J]. Physica A: Statistical Mechanics and its Applications, 2012, 391(7):2444-2453.

[90] Wang Y Q, Yang X Y, Han Y L, et al. Rumor Spreading Model with Trust Mechanism in Complex Social Networks[J]. Communications in Theoretical Physics, 2013,59(4):510-516.

[91] Zhao L, Xie W, Gao H O,e t al.A Rumor Spreading Model with Variable Forgetting Rate[J]. Physica A: Statistical Mechanics and Its Applications, 2013,392(23):6146-6154.

[92] Wang J, Zhao L, Huang R.SIRaRu Rumor Spreading Model in Complex Networks[J]. Physica A: Statistical Mechanics and Its Applications, 2014, 398:43-55.

[93] 王超, 刘骋远, 胡元萍, 等. 社交网络中信息传播的稳定性研究[J]. 物理学报, 2014, 63 (18): 87-93.

[94] 刘咏梅, 彭琳, 赵振军. 基于小世界网络的微博谣言传播演进研究[J]. 复杂系统与复杂性科学, 2014, 11 (4): 54-60.

[95] 王泰, 高闯, 胡祥恩. 突发重大新闻事件中基于兴趣的网民活跃度模型[J]. 系统科学与数学, 2014, 34 (3): 294-308.

[96] Xia L L, Jiang G P, Song B, et al.Rumor Spreading Model Considering Hesitating Mechanism in Complex Social Networks[J]. Physica A: Statistical Mechanics and its Applications, 2015,437:295-303.

[97] 王筱莉, 赵来军, 谢婉林. 无标度网络中遗忘率变化的谣言传播模型研究

[J]. 系统工程理论与实践，2015，35（2）：458-465.

[98] 王彦本，蔡皖东. 社交网络中考虑遗忘机制的谣言传播[J]. 西北工业大学学报，2016，34（2）：349-355.

[99] 王瑞，刘勇，朱敬华，等. 基于用户影响与兴趣的社交网信息传播模型[J]. 通信学报，2017，38（S2）：113-121.

[100] 王家坤，于灏，王新华，等. 基于用户相对权重的在线社交网络舆情传播控制模型[J]. 系统工程理论与实践，2019，39（6）：1565-1579.

[101] 肖人彬，张耀峰.网络群体事件信息传播的演化博弈分析[J]. 复杂系统与复杂性科学，2012，9（1）：1-7.

[102] Li D D,Ma J.How the Government's Punishment and Individual's Sensitivity Affect the Rumor Spreading in Online Social Networks[J]. Physica A: Statistical Mechanics and Its Applications, 2017,469:284-292.

[103] Yang X Y, Wu Y H, Zhang J J, et al.Dynamical Behavior of Rumor Spreading under a Temporal Random Control Strategy[J]. Journal of Statistical Mechanics: Theory and Experiment, 2019,2019(3):033402.

[104] Chen G H.ILSCR Rumor Spreading Model to Discuss the Control of Rumor Spreading in Emergency[J]. Physica A: Statistical Mechanics and its Applications, 2019,522:88-97.

[105] Huo L A, Cheng Y Y. The Impact of Media Coverage and Emergency Strategies on the Rumor Spreading[J]. Discrete Dynamics in Nature and Society, 2019,2018(3):4137129.

[106] 朱恒民，刘凯，卢子芳. 媒体作用下互联网舆情话题传播模型研究[J]. 现代图书情报技术，2013（3）：45-50.

[107] 霍良安，黄培清. 科普教育及媒体报道对于不实信息传播的影响[J]. 系统工程理论与实践，2014，34（2）：365-375.

[108] 樊重俊，李佳婷，霍良安，等. 谣言传播过程中官方媒体影响模型[J]. 计算机应用研究，2016，33（11）：3364-3368.

[109] 廖列法，孟祥茂，吴晓燕，等. 微信社交网络上CASR谣言传播模型研究[J]. 小型微型计算机系统，2016，37（1）：110-113.

[110] Huo L A, Wang L, Zhao X M.Stability Analysis and Optimal Control of a Rumor Spreading Model with Media Report[J]. Physica A: Statistical Mechanics and its Applications, 2019,517:551-562.

[111] 宋楠，付举磊，鲍勤，等. 基于无标度网络的恐怖信息传播与最优应对策略[J]. 系统工程理论与实践，2015，35（03）：630-640.

[112] Liu Q M, Li T, Sun M C. The Analysis of an SEIR Rumor Propagation Model on Heterogeneous Network[J]. Physica A:Statistical Mechanics and Its Applications, 2017,469:372-380.

[113] Jiang P, Yan X B. Stability Analysis and Control Models for Rumor Spreading in Online Social Networks[J]. International Journal of Modern Physics, 2017,28(5):1750061.

[114] 王亚奇，王静，杨海滨. 基于复杂网络理论的微博用户关系网络演化模型研究[J]. 物理学报，2014，63（20）：408-414.

[115] 孙睿，罗万伯. 具有非一致传播率的无标度网络谣言传播模型[J]. 复杂系统与复杂性科学，2014，11（3）：6-11.

[116] 李桂华，王亚男，朱一凡. 网络谣言的信息接收反应机制及其风险治理[J]. 情报学报，2014，33（3）：305-312.

[117] 黄启发，朱建明，宋彪，等. 社交网络信息传播的博弈模型[J]. 小型微型计算机系统，2014，35（3）：473-477.

[118] 王超，杨旭颖，徐珂，等. 基于SEIR的社交网络信息传播模型[J]. 电子学报，2014，42（11）：2325-2330.

[119] 万贻平，张东戈，任清辉. 考虑谣言清除过程的网络谣言传播与抑制[J]. 物理学报，2015，64（24）：73-83.

[120] 陈玟宇，贾贞，祝光湖. 社交网络上基于信息驱动的行为传播研究[J]. 电子科技大学学报，2015，44（2）：172-177，182.

[121] 吴联仁，李瑾颉，闫强. 基于时间异质性的微博信息传播模型[J]. 电子科技大学学报，2015，44（5）：657-662.

[122] 海沫，郭庆. 在线社交网络信息传播模型研究[J]. 小型微型计算机系统，2016，37（8）：1672-1679.

[123] 李旭军，刘业政，荆科，等. 节点的时间异质性对信息传播的影响[J]. 系统科学与数学，2016，36（10）：1630-1642.

[124] 柳文艳，张玉霞，蔡世民，等. 基于复杂行为响应的传染病爆发问题的研究[J]. 复杂系统与复杂性科学，2017，14（1）：8-14.

[125] 肖云鹏，李松阳，刘宴兵. 一种基于社交影响力和平均场理论的信息传播动力学模型[J]. 物理学报，2017，66（3）：233-245.

[126] 张子柯. 在线社交网络信息传播机制与动力学研究综述[J]. 情报学报，2017，36（4）：422-431.

[127] 吴晓，刘万平，杨武，等. 新型社交网络谣言传播演化模型研究[J]. 复杂系统与复杂性科学，2018，15（2）：34-44.

[128] 黄宏程，赖礼城，胡敏，等. 基于严格可控理论的社交网络信息传播控制方法[J]. 电子与信息学报，2018，40（7）：1707-1714.

[129] 夏志杰，吴忠，王筱莉，等. 社会化媒体谣言自净化机制的定量模拟研究[J]. 现代情报，2019，39（3）：101-108.

[130] 李钢，王聿达. 基于受众画像的新型耦合社交网络谣言传播模型研究[J]. 现代情报，2020，40（1）：123-133，143.

[131] 滕婕，夏志杰，占欣. 基于改进CA模型的群体辟谣信息扩散效果预测[J]. 计算机工程与应用，2020，56（6）：51-57.

[132] 郭路生，廖丽芳，胡佳琪. 社交媒体用户健康信息传播行为的影响机制研究——基于风险认知与问题解决情境理论[J]. 现代情报，2020，40（03）： 148-156.

[133] 张鹏，赵动员，梅蕾. 移动社交网络信息传播研究述评与展望[J]. 情报科学，2020，38（2）：170-176.

[134] 李中梅，张向先，陶兴，等. 新媒体环境下智库信息传播效果评价指标体系构建研究[J]. 情报科学，2020，38（2）：59-67.

[135] 徐凯，周宗放，钱茜. 信息双向传播、个体反应对关联信用风险传染的影响[J]. 系统工程，2020，38（2）：11-19.

[136] 张聿博，张锡哲，张斌. 面向社交网络信息源定位的观察点部署方法[J]. 软件学报，2014，25（12）：2837-2851.

[137] 张聿博, 张锡哲, 张斌. 基于观察点的信息源定位方法的准确率分析[J]. 东北大学学报（自然科学版）, 2015, 36（3）: 350-353.

[138] 吴尤可. 基于极大似然估计的谣言追溯方法及对策研究[J]. 情报学报, 2016, 35（01）: 48-54.

[139] 张聿博, 张锡哲, 徐超, 等. 社交网络信息源快速定位方法[J]. 东北大学学报（自然科学版）, 2016, 37（4）: 467-471.

[140] 胡长军, 许文文, 胡颖, 等. 在线社交网络信息传播研究综述[J]. 电子与信息学报, 2017, 39（4）: 794-804.

[141] 张聿博, 张锡哲, 徐超. 基于部分路径的社交网络信息源定位方法[J]. 电子科技大学学报, 2017, 46（1）: 75-80.

[142] 张锡哲, 孟庆虎, 张斌. 一种动态社交网络上的传播源点定位方法[J]. 东北大学学报（自然科学版）, 2017, 38（2）: 219-223.

[143] Zhao Y, Zheng M, Liu Z. A Unified Framework of Mutual Influence Between Two Pathogens in Multiplex Networks[J]. Chaos: An Interdisciplinary Journal of Nonlinear Science, 2014,24(4):043129.

[144] Wei X, Chen S, Wu X, et al. Cooperative Spreading Processes in Multiplex Networks[J]. Chaos: An Interdisciplinary Journal of Nonlinear Science, 2016,26(6):065311.

[145] 王辉, 韩江洪, 邓林, 等. 基于移动社交网络的谣言传播动力学研究[J]. 物理学报, 2013, 62（11）: 106-117.

[146] 王小娟, 宋梅, 郭世泽, 等. 基于有向渗流理论的关联微博转发网络信息传播研究[J]. 物理学报, 2015, 64（4）: 186-193.

[147] 徐会杰, 蔡皖东, 陈桂茸. 面向网络论坛的谣言传播与抑制研究[J]. 复杂系统与复杂性科学, 2016, 13（2）: 83-89, 96.

[148] 汪筱阳, 王瑛, 朱参世, 等. 具有跨邻居传播能力的信息辐射模型研究[J]. 物理学报, 2017, 66（3）: 361-370.

[149] Wang R, Rho S, Chen B W, et al. Modeling of Large-scale Social Network Services Based on Mechanisms of Information Diffusion:Sina Weibo as a Case Study[J]. Future Generation Computer Systems The International

Journal of eScience, 2017,74:291-301.

[150] 王筱莉，赵来军，吴忠. 非均匀网络中考虑辟谣机制的谣言传播模型[J]. 系统工程，2015，33（12）：139-145.

[151] 冉茂洁，刘超，黄贤英，等. 基于个体兴趣度差异和辟谣机制的谣言传播模型[J]. 计算机应用，2018，38（11）：3312-3318.

[152] Hu Y H, Pan Q H, Hou W B, et al. Rumor Spreading Model Considering the Proportion of Wisemen in the Crowd[J]. Physica A:Statistical Mechanics and its Applications, 2018,505:1084-1094.

[153] Huo L A, Wang L, Song N X, et al. Rumor Spreading Model Considering the Activity of Spreaders in the Homogeneous Network[J]. Physica A: Statistical Mechanics and Its Applications, 2017,468: 855-865.

[154] Cui X L, Zhao N. Modeling Information Diffusion in Time-varying Community Networks[J]. Chaos, 2017,27(12): 123107.

[155] Wan C, Li T, Sun Z C. Global Stability of a SEIR Rumor Spreading Model with Demographics on Scale-free networks[J]. Advances in Difference Equations, 2017:253-268.

[156] Huo L A, Wang L, Song G X. Global Stability of a Two-mediums Rumor Spreading Model with Media Coverage[J]. Physica A:Statistical Mechanics and Its Applications, 2017,482:757-771.

[157] Zheng Z Y, Yang H C, Fu Y, et al. Factors Influencing Message Dissemination through Social Media[J]. Physical Review E, 2018,97(6): 062306.

[158] Zhang Y H, Zhu J J. Stability Analysis of I2S2R Rumor Spreading Model in Complex Networks[J]. Physica A: Statistical Mechanics and its pplications, 2018,503: 862-881.

[159] Yi Y X, Zhang Z F, Gan C Q. The Effect of Social tie on Information Diffusion in Complex Networks[J]. Physica A: Statistical Mechanics and its Applications, 2018,509:783-794.

[160] 瞿倩倩，韩华，吕亚楠. 基于社交网络结构特征的S2IR谣言传播模型[J].

复杂系统与复杂性科学，2019，16（3）：48-59.

[161] Zhang Y X, Chen Z Y. SETQR Propagation Model for Social Networks[J]. IEEE Access, 2019,7:127533.

[162] Xu H, Li T, Liu X D, et al. Spreading Dynamics of an Online Social Rumor Model with Psychological Factors on Scale-free Networks[J]. Physica A: Statistical Mechanics and its Applications, 2019,525:234-246.

[163] Li J R, Jiang H J, Yu Z Y,et al. Dynamical Analysis of Rumor Spreading Model in Homogeneous Complex Networks[J]. Applied Mathematics And Computation, 2019,359:374-385.

[164] Yao Y, Xiao X, Zhang C P, et al. Stability Analysis of an SDILR Model Based on Rumor Recurrence on Social Media[J]. Physica A: Statistical Mechanics and its Applications, 2019,535:122236.

[165] Sang C Y, Liao S G. Modeling and Simulation of Information Dissemination Model Considering User' Awareness Behavior in Mobile Social Networks[J]. Physica A: Statistical Mechanics and its Applications, 2020,537:122639.

[166] 邵峰晶，孙仁诚，李淑静. 一种具有抑制作用的多信息传播模型[J]. 复杂系统与复杂性科学，2010，7（1）：47-51.

[167] Wang Y, Xiao G, Liu J.Dynamics of Competing Ideas in Complex Social Systems[J]. New Journal of Physics, 2012, 14(1): 013015-013035.

[168] Yan S, Tang S, Pei S, et al. The Spreading of Opposite Opinions on Online Social Networks with Authoritative Nodes[J]. Physica A: Statistical Mechanics and its Applications, 2013, 392(17):3846-3855.

[169] 刘咏梅，彭琳，赵振军. 基于Lotka-Volterra的微博谣言事件演进分析[J]. 情报杂志，2013，32（11）：110-116.

[170] 李林，孙军华. 基于社会网络冲突信息传播的群体特征[J]. 系统工程理论与实践，2014，34（1）：207-214.

[171] 苏晓萍，宋玉蓉. 营销信息在部分交叉免疫模型中的竞争传播[J]. 复杂系统与复杂性科学，2015，12（4）：71-78.

[172] Liu Y, Diao S M, Zhu Y X, et al. SHIR Competitive Information Diffusion

Model for Online Social Media[J]. Physica A: Statistical Mechanics and its Applications, 2016,461:543-553.

[173] 周亚东，刘丽丽，张贝贝，等. 在线社会网络中多话题竞态传播分析与建模[J]. 西安交通大学学报，2017，51（2）：1-5,39.

[174] Yang D, Chow T W S, Zhong L, et al. The Competitive Information Spreading over Multiplex Social Networks[J]. Physica A: Statistical Mechanics and its Applications, 2018,503:981-990.

[175] Luo Y C, Ma J. The Influence of Positive News on Rumor Spreading in Social Networks with Scale-free Characteristics[J]. International Journal of Modern Physics C, 2018,29(9):1850078.

[176] Zhang Y M, Su Y Y, Li W G, et al. Rumor and Authoritative Information Propagation Model Considering Super Spreading in Complex Social Networks[J]. Physica A: Statistical Mechanics and its Applications, 2018, 506:395-411.

[177] 张菊平，郭昊明，荆文君，等. 基于真实信息传播者的谣言传播模型的动力学分析[J]. 物理学报，2019，68（15）：193-204.

[178] Huo L A, Li X.An Interplay Model for Official Information and Rumor Spreading with Impulsive Effects[J]. Advances in Difference Equations, 2019:164-169.

[179] Yu J Y, Lv J J, Wang Y Z. Mechanism Analysis of Competitive Information Asynchronous Dissemination on Social Networks[J]. International Journal of Modern Physics C, 2019,30(11):1950094.

[180] Yang L, Li Z W, Giua A. Containment of Rumor Spread in Complex Social Networks[J]. Information Sciences, 2020,506:113-130.

[181] Liu L Z, Wang X, Zheng Y, et al. Homogeneity Trend on Social Networks Changes Evolutionary Advantage in Competitive Information Diffusion[J]. New Journal of Physics, 2020,22(1):013019.

[182] 赵洪涌，朱霖河. 社交网络中谣言传播动力学研究[J]. 南京航空航天大学学报，2015,47(3):332-342.

[183] Zhu L H, Zh H Y. Dynamical Behaviours and Control Measures of Rumour-spreading Model with Consideration of Network Topology[J]. International Journal of Systems Science, 2017,48(10):2064-2078.

[184] Huo LA, Ma C Y. Dynamical Analysis of Rumor Spreading Model with Impulse Vaccination and Time delay[J]. Physica A: Statistical Mechanics and Its Applications, 2017,471:653-665.

[185] Li C R. A Study on Time-delay Rumor Propagation Model with Saturated Control Function[J]. Advances in Difference Equations, 2017:255-277.

[186] 王飞, 张楠, 童向荣. 社交网络传播路径对谣言传播影响的研究[J]. 小型微型计算机系统, 2018, 39 (5): 1063-1067.

[187] Huo L A, Ma C Y.Optimal Control of Rumor Spreading Model with Consideration of Psychological Factors and Time Delay[J]. Discrete Dynamics in Nature and Society, 2018:9314907.

[188] Jia F J, Lv G Y, Wang S F, et al. Dynamic Analysis of a Stochastic Delayed Rumor Propagation Model[J]. Journal of Statistical Mechanics: Theory and Experiment, 2018:023502.

[189] Zhu L H, Zhou X, Li Y M.Global Dynamics Analysis and Control of a Rumor Spreading Model in Online Social Networks[J]. Physica A: Statistical Mechanics and its Applications, 2019,526:120903.

[190] Zhu L H, Guan G.Dynamical Analysis of a Rumor Spreading Model with Self-discrimination and Time Delay in Complex Networks[J]. Physica A:Statistical Mechanics and its Applications, 2019, 533:121953.

[191] 朱霖河, 李玲. 基于辟谣机制的时滞谣言传播模型的动力学分析[J]. 物理学报, 2020, 69 (2): 67-77.

[192] Linhe, Zhu, Xiaoyuan, et al. SIS Model of Rumor Spreading in Social Network with Time Delay and Nonlinear Functions[J]. Communications in Theoretical Physics, 2020,72(1):13-25.

[193] Zhu L H, Liu W S, Zhang Z D.Delay Differential Equations Modeling of Rumor Propagation in Both Homogeneous and Heterogeneous Networks with

a Forced Silence Function[J]. Applied Mathematics and Computation, 2020, 370:124925.

[194] Wang J, Wang Y Q, Li M. Rumor Spreading Model with Immunization Strategy and Delay Time on Homogeneous Networks[J]. Communications in Theoretical Physics, 2017,68(6):803-810.

[195] Ji Feng, Tay W P, Varshney L R.An Algorithmic Framework for Estimating Rumor Sources With Different Start Times[J]. IEEE Transactions on Signal Processing, 2017,65(10):2517-2530.

[196] Zan Y l.DSIR Double-rumors Spreading Model in Complex Networks[J]. Chaos, Solitons & Fractals, 2018,110:191-202.

[197] Wang Z Y, Liang J, Nie H F, et al. A 3SI3R Model for the Propagation of Two Rumors with Mutual Promotion[J].Advances in Difference Equations, 2020(1):109.

[198] Zhang Y M, Tang C S, Li W G. Cooperative and Competitive Dynamics Mode for Information Propagation in Online Social Networks[J]. Journal of Applied Mathematics, 2014:610382.

[199] 汪小帆，李翔，陈关荣. 复杂网络理论及其应用[M]. 北京：清华大学出版社，2006.

[200] 何大韧，刘宗华，汪秉宏. 复杂系统与复杂网络[M]. 北京：高等教育出版社，2009.

[201] Watts D J, Strogatz S H. Collective Dynamics of 'Small-world' Networks[J]. Nature, 1998,393(6684):440-442.

[202] Erdös P, Rényi A. On the Evolution of Random Graphs[J]. Publ. Math. Inst. Hung. Acad. Sci., 1960,5:17-60.

[203] Newman M E J, Watts D J. Renormalization Group Analysis of the Small-world Network Model[J]. Phys.Lett.A, 1999,263:341-346.

[204] Barabási A-L, Albert R.Emergence of Scaling in Random Networks[J]. Science, 1999,286(5439): 509-512.

[205] 熊启才. 数学模型方法及应用[M]. 重庆：重庆大学出版社，2005.

[206] Difonzo N, Bordia P. Rumor, Gossip and Urban Legends[J]. Diogenes, 2007, 54(1):19-35.

[207] Ozturk P, Li H, Sakamoto Y. Combating Rumor Spread on Social Media: The Effectiveness of Refutation and Warning[C]//System Sciences(HICSS), 2015 48th Hawaii International Conference on. IEEE, 2015:2406-2414.

[208] Mendoza M, Poblete B, Castillo C.Twitter Under Crisis: Can we Trust what we RT?[C]// Proceedings of the First Workshop on Social Media Analytics. ACM, 2010:71-79.

[209] Tanaka Y, Sakamoto Y, Matsuka T. Toward a Social-technological System that Inactivates False Rumors Through the Critical Thinking of Crowds[C]// System Sciences(HICSS), 2013 46th Hawaii International Conference on. IEEE, 2013:649-658.

后　　记

本书是在我的博士论文的基础上修改而成的。

本选题源于导师的国家基金项目，在线社交网络双信息传播现象研究较少，利用种群动力学方法研究这种现象更是较少，这是一个新的研究视角。

本书研究过程遇到很多问题，衷心感谢导师张亚明教授经常解答我的各种问题，并鼓励和帮助我树立信心和克服各种困难。张老师的工作态度和科研精神一直感染着我，对自己的学生就像对自己的孩子一样关心和爱护，经常教导我如何为人处世，这些都是我人生的宝贵收获，铭记于心，永不忘记恩师的教导。感谢于维洋教授、李泉林教授、岳德权教授、靖鲲鹏教授、李世勇教授、徐秀丽教授、孙微教授、房俊峰老师对我的帮助和付出。

感谢我的师兄刘海鸥、唐朝生、Yaya H. Koura对本书撰写给予的无私帮助和热心鼓舞，感谢我的同学李园、潘越、刘恒丽、李欣、刘力卓、张艳、周雨、李俊哲、张晓宏给予的帮助，感谢我的朋友王浩、魏尧、贾磊磊、小龙、郭庆贺、王建军、王虎、王春光、丁金刚给予的帮助，感谢父母和家人的大力支持和鼓励。

当然，还要感谢信息传播领域学术界的同人，正是在其研究成果的基础上，才写出本书。

最后，需要说明的是，由于本人知识理论的不足，书中难免有疏漏乃至错误之处，恳请专家学者及读者朋友不吝赐教，批评指正。

刘飞（衡水学院教师）

2022年4月3日